욕을 먹어도 신경 쓰지 않는 사고방식

WARUGUCHIWO IWARETEMO KINISHINAIHITO NO KANGAEKATA
by Motoko Hori
Illustrated by Ikemariko

Copyright © Motoko Hori 2024
All rights reserved.Original Japanese edition published by ASA Publishing Co., Ltd.
Korean translation copyright © 2025 by davincihouse co.,ltd
This Koean edition published by arrangement with ASA Publishing Co., Ltd., Tokyo,
through BC Agency

이 책의 한국어판 저작권은 BC에이전시를 통해 저작권자와 독점 계약을 맺은 ㈜디빈치하우스에
있습니다. 저작권법에 의해 한국 내에서 보호를 받는 저작물이므로 무단 전재와 복제를 금합니다.

욕을 먹어도 신경 쓰지 않는 사고방식

상처 주는 말에 작아지지 않기 위해

호리 모토코 지음
박수현 옮김

푸른북

프롤로그

당신은 지금, 자신에게 만족하나요?

다른 사람 눈치 보지 않고 좋아하는 것을 선택할 수 있나요?

누군가가 당신을 험담했다는 이야기를 전해 들어도 신경 쓰지 않을 수… 있나요?

만약 이러한 질문에 바로 "예."라고 대답할 수 없다면 이 책을 집어 든 일이 우연이 아닙니다. 지금, 당신의 인생을 바꿀 계기가 찾아온 것입니다.

예전의 나는 이 모든 질문에 "아니오."라고 대답했습니다.

항상 다른 사람 눈치 보며 내 의견을 말할 수 없었습니다.

누군가 소곤거리며 이야기하면 자신에 대해 좋지 않은 이야기를 할까 봐 두려워하며 '분명 나를 험담하는 게 틀림없어.' 그런 피해망상에 사로잡혔고, 웃음소리가 들리면 '분명 나를 비웃고 있을 거야.'하고 흠칫거렸습니다.

"다른 사람은 신경 쓰지 마."

그런 말을 들어도 도저히 불가능하다며 포기했습니다.

그랬던 내가 동일본 대지진을 계기로 '더는 이런 내가 싫어!' 하고 처음으로 내 인생에 관해 진지하게 생각하게 되었습니다.

대학에서 심리학을 전공한 나는 '분명 심리학에 힌트가 있을 거야'라는 생각에 서른이 넘은 나이에 다시 대학에 들어가 새롭게 공부했습니다.

그와 동시에 '나다운 삶을 살고 있구나', '남들 눈치 보지 않고 당당하네' 싶은, 이른바 '인생 성공가'의 저서를 닥치는 대로 읽었습니다.

책을 읽다 보니 한 가지 공통점이 있다는 사실을 깨달았습니다.

모든 저자가 타인이 하는 험담을 전혀 신경 쓰지 않았습니다.

남은 남이고, 나는 나다. '그렇게 생각하는 사람도 있구나' 정도로만 생각할 뿐, 다른 사람 때문에 멘털이 무너지는 일은 없었습니다.

어떻게 하면 나도 그들처럼 될 수 있을까?

그래서 나와 그들의 차이점이 무엇인지 곰곰 생각해 보았습니다. 그 차이는 유전자나 자란 환경 등 '스스로 바꿀 수 없는 것'이 아닌 **'사고방식'**과 **'받아들이기'**, 즉 '스스로 얼마든지 바꿀 수 있는 것'에 있었습니다.

저는 8년 전만 해도 굉장히 부정적이고, 인간관계에 마음을 소모하는 사람이었습니다. 하지만 지금은 당당하게 내 의견을 말하고, 반대 의견을 들어도 감정에 끌려다니지 않도록 기분을 제어할 수 있게 되었습니다.
내가 한 일은 힘든 근력 운동도 아니고, 수상한 세뇌도 아니며, 어려운 공부도 아니었습니다. 그저 사고방식과 받아들이기를 바꿨을 뿐입니다.

사고란 뇌의 '버릇' 같은 것입니다. 따라서 먼저 '자신의 사고 버릇'을 깨닫고 일단 버릇을 고칩니다. 그런 다음에 새로운 버릇을 들입니다.
이를 반복하면 사고방식과 받아들이기가 확실히 달라집니다.

이 책에서는 자기도 모르게 몸에 배어 버린 왜곡된 사고방식과 받아들이기를 인지하고, 대처하는 방법을 배워 실행하는 방법을 알려 드립니다.

3개월만 지나면 자신의 변화를 알아차리게 될 것입니다. 그리고 반년 후에는 완전히 달라진 사고에 놀랄 것입니다.

역대급 부정적 사고를 하던 내가 바로 그 증인입니다.

혹여 처음에 했던 질문에 바로 "예."라고 대답했다면, 당신은 예전의 내가 동경하며 닮고 싶어 목표로 삼았던 인물입니다.

분명 당신 주변에도 예전의 나처럼 타인의 평가를 신경 쓰고 고민하며 괴로워하는 사람이 있을 터예요. 부디 그 사람에게 '인생은 나 하기 나름이다'라는 사실을 전해 주셨으면 합니다. 그리고 이 책을 선물해 주세요.

인생은 한 번뿐입니다. 새로 시작할 수 없습니다.

내가 바로 인생 주인공인 동시에 각본가입니다.

사람은 '달라질 거야.'라고 생각한 그 순간부터 어떠한 나라도 바꿀 수 있습니다.

부디 이 책이 당신의 인생 '참고서'로서 도움이 되기를 바랍니다.

호리 모토코

차례

프롤로그 008

CHAPTER 1
부정적인 평가를 받았을 때 생각해 볼 다섯 가지

DON'T MIND! 01	무엇이든 '받아들이기' 나름	017
DON'T MIND! 02	친구를 가장한 적일지도 모른다	028
DON'T MIND! 03	인터넷상에서의 비난	040
DON'T MIND! 04	비난당해도 당신의 가치는 떨어지지 않는다	046
DON'T MIND! 05	비난에 대해 다시 생각해 본다	059

Column 1   아, 개가 짖는구나 070

CHAPTER 2
비난받아도 절대로 해서는 안 될 다섯 가지

DON'T MIND! 01	감정적이 된다	077
DON'T MIND! 02	비난은 되돌려받게 되어 있다	085
DON'T MIND! 03	자신이 못났다고 우울해한다	092
DON'T MIND! 04	현실에서 도망친다	097
DON'T MIND! 05	부정의 늪에 빠진다	103

Column 2   누구도 나의 마음에 상처 입힐 수 없어!   114

CHAPTER 3
비난을 에너지로 변환한다!

DON'T MIND! 01	네 가지 유형의 에너지	121
DON'T MIND! 02	마운트를 취하는 사람의 심리	136
DON'T MIND! 03	사람들이 질투하는 이유	145
DON'T MIND! 04	함께 험담하고 싶어 할 때의 대처법	153
Column 3	나만의 가치관을 지킨다는 것	162

CHAPTER 4
비난에 지지 않는 사고방식

DON'T MIND! 01	반박하지 않으면 진 것 같다	169
DON'T MIND! 02	원인을 자신에게서 찾지 마라	177
DON'T MIND! 03	함께 있으면 피곤한 친구는 '그냥 아는 사람'으로	186
DON'T MIND! 04	어째서 당신에게는 괴로운 일이 잇따라 닥칠까?	197
DON'T MIND! 05	우리를 얽매는 착한 아이 콤플렉스	208
DON'T MIND! 06	자기 인생은 전부 자기가 정한 결과로 이루어졌다	219
Column 4	모두에게 사랑받을 수는 없다	230
Column 5	험담은 사실 유대감이 목적일 수 있다	234

CHAPTER 1

....

부정적인 평가를 받았을 때 생각해 볼 다섯 가지

DON'T MIND! 01

무엇이든 '받아들이기' 나름

'키가 작다', '통통하다' 그 밖에도 외모에 관해서는 남녀 불문하고 콤플렉스를 느끼기 쉽다.

아름다운 여배우가 화려하고 멋진 드레스 차림으로 등장하는 영화를 보고 넋을 잃은 당신. 영화를 함께 보던 친구에게 이런 말을 들었다면 어떨까.

"근사하다! 하지만 넌 키가 작아서 저런 롱 드레스는 안 어울릴 거야."

겉으로는 "그러게." 하고 웃으면서도 속으로는 상처받지 않을까? 무신경하게 남의 외모에 대해 못되게 말한다며 화가 날 수 있다.

예를 들어, 외꺼풀이 고민이라면 화장으로 커버하거나 과감히 성형할 수도 있고, 통통하다면 마음 단단히 먹고 다이어트해서 살을 뺄 수 있다.

하지만 키처럼 '스스로 어떻게 할 수 없는 점'을 지적받으면 분할 법하다.

그동안 이런 상황에 맞닥뜨릴 때마다 괴로웠겠지만, 앞으로 상대방의 말을 신경 쓰지 않을 방법이 있다면?

사실을 말했을 뿐 비난이 아닐 수도 있다

키워드는 '받아들이기'다.

키가 몇 센티미터인지 나타내는 수치는 항상 똑같다.

키는 학교 보건실에서 측정해도, 병원 진료실에서 측정해도 약간의 오차는 있을지언정 거의 동일하다. 전 세계 어디서나 국제 기준에 따라 1센티 길이가 정해져 있기 때문이다.

단위가 피트나 인치로 바뀌어도 미국의 A 씨가 본 수치와 영국의 B 씨가 본 수치는 같다.

이처럼 누가 보아도 변하지 않는 것을 '사실'이라고 부르자.

여기서는 '키라는 수치'가 사실이다.

하지만 이와 같은 사실과 '작은 키에 콤플렉스를 느끼는 일'은 전혀 다른 것이다.

무슨 말인가 하면, 당신이 '나는 키가 작다'라고 생각하는 이유는 당신이 이상적으로 여기는 키와 평균 키에 대한 개념이 있기 때문이다. 덧붙여 말하면, '키가 큰 편이 좋다'라고 생각한다.

즉 '나는 키가 작다'란, '사실'이 아닌 당신이 제멋대로 자신과 다른 사람을 비교해서 느끼는 '생각'일 뿐이라는 말이다.

"넌 키가 작아서 저런 롱 드레스는 안 어울릴 거야."라는 말 역시 그 친구가 제멋대로 생각했을 뿐이다.

어디까지나 그 사람의 주관일 뿐, 모든 사람이 백이면 백 똑같이 말하지도 않을뿐더러 친구의 주관 중에 '사실'은 하나도 없다.

'비가 오면 밖에서 놀 수 없어서 너무 짜증 나.'

'전철을 놓쳐서 너무 화가 나.'

'좋아하는 사람에게 차여서 세상이 무너지듯 슬퍼.'

혹시 이런 식으로 생각하지 않는가?

하지만 잘 알다시피 비가 와도 밖에서 놀 수 있으며, 기다리다 보면 다음 전철도 온다. 좋아하는 사람에게 차여도 세상이 무너지지는 않는다.

　세 가지 예에서 '사실'은 비가 온 일, 전철을 타지 못한 일, 그리고 좋아하는 사람에게 차인 일이다.

　<u>사람마다 어떤 사실에 대해 갖는 감정이 다르다.</u>
　사실 이외에 '너무 짜증 난다'는 감정은 그 사람이 느끼는 주관일 뿐이며, 사실에 갖다 붙인 덤이다.
　여기서 이 덤만 바꾸면 놀라울 정도로 인상이 확 달라진다.

　'비가 오면, 새로 산 우산을 들고 나갈 수 있으니 잘됐어!'
　'전철을 놓쳤으니, 이 시간을 이용해서 커피를 마시자!'
　'좋아하는 사람에게 차였어…. 좋아, 나를 더 가꾸어서 더 멋진 사람이 될 거야!'

　어떠한가?
　당신에게 닥친 사실은 그대로인데, 주관이 바뀌자 이처럼 긍정적인 문장이 되었다.

　자, 여기서 처음에 한 이야기를 다시 한번 떠올려 보자.
　당신은 친구에게 '너는 키가 작아서…'라고 부정적인 말을 들었

사람은 콤플렉스를 느끼는 부분에 민감해진다.

다고 느꼈다. 여기서 사실은 '친구가 당신은 키가 작아서 롱 드레스가 어울리지 않는다'라고 말한 일이다. 그리고 친구가 한 말이 비난인지 아닌지를 정한 건 당신이다.

어쩌면 그 친구는 키가 큰 여배우나 모델이 롱 드레스를 깔끔하게 소화해 낸 모습을 봤기 때문에 이러한 드레스는 키가 큰 사람에게나 어울린다는 고정관념이 있는지도 모른다. 혹은 당신에게는 기장이 짧은 귀여운 드레스가 어울린다고 말하고 싶었는지도 모른다. 조금만 생각해 봐도 무수한 '그럴지도 모른다'를 들 수 있다.

다른 사람의 기분을 추측해 보려 해도 결코 정답에 이를 수 없다. 그러니 그 사람밖에 모르는 정답에 대해 생각해 봤자 시간 낭비일 뿐이다.

친구가 어떤 의도로 롱 드레스가 어울리지 않는다고 말했는지 알 수 없다. 그 친구는 자신이 한 말조차 잊고 있는지도 모른다.

당신이 그 말을 비난이라고 생각한 이유는 콤플렉스를 느끼는 부분이었기 때문이 아닐까?

만약 '당신은 스타일이 좋아서 롱 드레스는 어울리지 않는다.'라는 말을 들었다면 머릿속이 '???' 상태가 될 것이다.

우리는 콤플렉스를 느끼는 부분에 민감하다. 그렇기에 아무리 해도 부정적인 생각밖에 들지 않는다. 중요한 것은 사실에 어떤 감정을 갖다 붙일지 스스로 정할 수 있다는 점이다.

생각하기에 따라 비난도 되고 칭찬도 되는 것. 이것이 사실이다.

사실은 바꿀 수 없지만 감정은 자유롭게 바꿀 수 있다!

지금까지 외모에 얽힌 이야기를 했는데, 면전에 대고 "당신 참 못생겼어."라고 말하는 사람은 좀처럼 보기 드물다. 외모에 관한 부정적인 발언은 대개 당사자가 없는 자리에서 하게 된다.

예전에 한 고등학교 남학생이 어두운 표정으로 상담하러 왔다.

"같은 학원에 다니는 여자애가 나를 '에반게리온' 같다고 놀리더라고요."

축 처진 그는 학원에 가기 싫어졌다고도 말했다.

"왜 그게 놀림이라고 생각했어?"

내가 물어보자, 그는 이렇게 대답했다.

"신지(이야기의 주인공이자 에반게리온의 파일럿)는 우유부단한 데다 소극적이고 자존감도 엄청 낮아요. 나도 그렇게 보이는구나 싶어서 괴로워요."

하지만 나는 그 말이 어째서 놀림인지 알 수 없었다. 그도 그럴 것이 에반게리온은 최강의 인조인간 아닌가. 사도와 대등하게 맞설 수 있는 인류가 보유한 유일무이한 전투 수단이 바로 에반게리온이다. 나는 에반게리온을 정말 좋아해서 만화책은 물론이고 애니메이션과 영화도 전부 챙겨 볼 정도로 팬인지라 "에반게리온' 같아."라는 말이 놀림으로 들리지 않는다.

자, 이제 알겠는가.

내게는 에반게리온에 대한 이미지가 '강하고 멋있는' 인상이지만, 그에게는 '우유부단하고 소극적인' 이미지인 것이다.

주인공 이카리 신지는 분명 적극적인 유형이 아니라, 작품 안에서도 자기 내면과 필사적으로 싸우는 모습이 묘사된다. 그 부분만 잘라 내어 보면 그의 말처럼 '우유부단하고 소극적이며 자존감 낮은 아이'가 맞다. 하지만 작품에서는 신지가 동료를 아끼는 다정함과 세계를 위해 맞서려는 강인함도 묘사된다.

그가 생각하는 에반게리온과 내가 생각하는 에반게리온은 같다. 그가 느낀 점과 내가 느낀 점 모두 틀리지 않았다.

참고로 후일담을 풀어 보자면, 그에 대해 "에반게리온 같아."라고 말한 여학생의 말도 들을 기회가 있었다.

그녀의 말은 '이카리 신지와 얼굴이 닮았다'라는 뜻이었다. 내가 생각한 '강하고 멋있다'는 뜻과 그가 생각한 '우유부단하고 의지가 약하다'는 뜻 모두 완전 헛다리를 짚은 셈이다.

사람에 따라 사물을 보는 관점이 정반대가 되기도 한다

그동안 당신에게도 'A라는 의미로 말했는데 B라고 전달된' 경험이 있지 않을까. 자신은 그럴 생각이 아니었는데, 상대방이 상처받거나 화를 내거나 실망하는 상황이다.

꽤 오래전에 있었던 일이다. 백화점 화장품 매장을 둘러보고 있을 때였다.

"시간 괜찮으신가요? 새로 나온 스킨을 써 보지 않으시겠어요?"

매장 점원이 말을 걸었다. 마침 시간도 여유롭고 신제품에도 관심이 생겨서 이렇게 답했다.

"괜찮아요."

그러자 점원이 이렇게 인사했다.

"다음에 또 들러 주세요." 그러고는 다른 사람에게 말을 걸었다.

나는 "시간 괜찮으신가요?"라는 질문에 대해 '시간 있다'라는 의미로 "괜찮아요."라고 대답했는데, 상대방은 "새로 나온 스킨을 써 보지 않으시겠어요?"라는 질문에 대해 '필요 없다'라는 의미로 "괜찮아요(=거부)."라고 받아들인 것이다.

나는 나의 의도가 전달되지 않았다고는 생각지도 못한 채 '자기가 먼저 말을 걸었으면서 왜 거절한 거지. 뭐 저런 무례한 사람이 다 있담!' 그렇게 상당히 비뚤어지게 받아들이고 말았다.

"괜찮아요."라는 말이 '예'로도 '아니오'로도 받아들여질 수 있는 애매모호한 답이었음을 시간이 훨씬 지난 뒤에야 깨달았다. 그 일로 한동안 꽁해 있었기에 정신적으로도 상당한 손해를 본 기분이 들었다.

그 이후로 나는 모호한 표현을 쓸 때면 상당히 주의한다.
그 밖에도 몇몇 오해를 불러일으키는 말이 있다.

A "내일 C랑 놀러 가기로 했어."
B "나도 가도 돼?"
A "어떻게 오려고?"

"어떻게 오려고?" 이는 "버스 타고 올 거야? 아니면 지하철?" 이처럼 교통수단을 묻는 말로 받아들일 수도 있고, "C랑만 놀고 싶은데, 왜 부르지도 않은 네가 온다는 거야?" 하고 거부하는 말로 받아들일 수도 있다.

어느 쪽이든 A가 어떤 의도로 한 말인지 되묻기 애매한 상황이다. 그런데 교통수단을 묻는 말로 받아들이면 전혀 문제가 없는데, 거부하는 말로 받아들이면 상처받게 된다.

이처럼 상처받기 쉬운 사람은 상대방이 한 말을 부정적으로 받아들이는 경향을 보인다. 상대방의 말을 항상 긍정적으로 받아들이려고 하면 상처받을 일도 없다.

'그렇게 말한들 상대방이 정말 부정적인 의미로 말했다면?'
그런 의문이 생길 수도 있다.

말을 긍정적으로 받아들이는 습관을 기른다.

그래도 괜찮다! 상대방이 말한 의도는 그 말을 한 본인밖에 모른다. 설령 상대가 악의를 담아 비아냥거렸다고 해도 자신이 '비아냥을 들었다'고 생각하지 않으면 아무런 의미가 없다.

어차피 상대가 말한 의도를 추측할 뿐이니 긍정적으로 변환하면 그만이다.

DON'T MIND! 02

친구를 가장한 적일지도 모른다

"그 애가 너에 대해 나쁘게 말하더라."

이렇게 말을 전하는 친구가 있다.

혹시 당신은 '일부러 알려 주다니 정말 친절하구나.'라고 생각하는가?

혹은 '험담을 못 참는 걸 보니, 의리가 있나 보네.' 이렇게 느낄지도 모르겠다.

하지만 안타깝게도 전부 잘못된 사고방식이다.

'알려 줘서 고마워' 하고 고마운 마음이 들지 않는다면 그 방증이 아닐까?

아마도 '그런 말은 듣고 싶지 않았어. 굳이 알려 주지 않아도 괜찮은데….' 그런 먹먹한 기분이 들 것이다.

구태여 다른 사람의 험담을 전하는 행동은, 안타깝지만 진심으로 당신을 위하는 친절한 마음에서 나오지 않는다. 자기 목적을 위해서 그 누군가의 험담을 이용하려는 의도다.

이용 패턴으로 다음과 같이 세 가지를 생각해 볼 수 있다.

✦ 이용 패턴 ① 스스로 말할 수 없어서 다른 사람 의견을 빌린다

"A 씨가 너는 자기 자랑만 해대서 별로라고 하더라. 그렇게까지 말할 거 없는데 말이야."

상대가 이런 식으로 말하면 당신은 충격받지 않을까.

스스로 나서서 자랑할 생각이 없었다고 해도, A 씨가 그렇게 받아들였다는 사실에 일단 충격받을 것이다. 그리고 A 씨가 다른 사람에게 험담했다는 사실도 충격이다. 듣지 않았으면 몰랐을 험담을 굳이 전해 들어 제대로 날벼락을 맞은 것이다.

이때 말을 전한 친구는 친절을 가장하고 있지만, 실은 마음속 깊은 곳에서 '나도 그렇게 생각하지만 말이야.' 하고 혀를 빼꼼 내밀고 있을 것이다.

"너는 자기 자랑만 해대서 별로니까, 그런 짓 좀 그만두면 좋겠어."라고 직접 말하면 될 일이다. 이렇게 제삼자의 관점을 빌려 험담을 한 것은 직접 자기 생각을 말하면 자기만 나쁜 사람이 될 테니, 다른 사람 의견에 '내가 생각하던 걸 잘도 말해 줬네!' 하고 편승한 것이다.

✦ 이용 패턴 ② 다툼을 일으키고 싶어 한다

친한 친구들 사이에서, 혹은 동아리 활동 중에 계속 다툼이 생길 때가 있다. 이는 사실 우연히 벌어진 일이 아니다.

세상에는 타인의 인간관계를 깨뜨리고 싶어 하는 사람, 즉 '커뮤니티 크래셔 Community Crasher'가 존재한다.

커뮤니티 크래셔는 다툼을 일으키는 수단으로써 험담과 소문을 이용한다.

방법은 매우 간단하다.

"A 씨가 당신 험담하더라."

그렇게 B 씨에게 말하고, 반대로 A 씨에게는 이렇게 전한다.

"B 씨가 당신 험담하던데?"

이렇게만 하면 순식간에 A 씨와 B 씨의 사이가 틀어진다.

아니 땐 굴뚝에 연기 나겠냐며 누구나 '원인도 없는데 험담할 리가 없다'라고 생각하기 쉽다.

그래서 누군가가 자신을 험담했다는 사실을 알면, '내 어떤 점이 나빴을까?', '그럴 의도는 아니었는데 기분이 상했나?' 싶어 죄책감에 시달리며 자기혐오에 빠진다.

하지만 '내가 나쁘다'라고 계속 생각하다 보면, 견디다 못해 이런 생각을 하게 된다.

'아니, 잠깐만. 누구에게나 단점은 있잖아. 내가 아니라 나를 험담하는 사람이 나쁜 거지.'

'그 사람도 단점이 있으면서 자기 단점은 나 몰라라 하고….'

이렇게 멘털을 유지하고자 자기방어하게 되는 일은 당연하다.

커뮤니티 크래셔는 이러한 심리를 교묘하게 이용하여 일부러 당신에 대한 험담을 전하러 온다.

때로는 내용을 부풀려 과장하거나 심할 때는 완전 엉터리로 꾸며내기도 한다.

'나한테 미운털 박히면 이렇게 되는 거야.'라고 협박하듯이 자기가 한 거짓말과 험담으로 인간관계가 무너져 가는 모습을 만족스럽게 지켜본다.

✦ 이용 패턴 ③ 좋은 사람이 되어 당신과 친하게 지내고 싶다

"A가 당신에 대해 나쁘게 말하더라. 그러니까 A를 조심하는 게 좋을 것 같아."

이런 말을 들으면 이 사람이 친절한 마음으로 A에 대해 충고해 주는구나 싶다. 하지만 잠깐 기다려 보라. 사실은 그렇지 않다.

'저 사람을 조심해'라는 충고에는 '저 사람하고 친하게 지낼 바에야 나하고 친하게 지내자.' 이런 의도가 숨어 있다.

"A가 당신에 대해 안 좋게 말하더라."

"뭐라고? 충격이네…."

"하지만 A도 남 말할 것 없다고 생각해. 자기도 그런 적 많으면서 다른 사람을 탓할 자격이 없지."

"그러게, A도 비슷한 일이 있었을 텐데 말이야, 나만 나쁜 건 아니잖아."

A의 험담을 들은 당신을 두둔하며 '이 사람은 A가 한 험담을 전해도 나를 오해하지 않는다. 나를 이해해 준다.' 이런 생각이 들게끔 해서 자기와 더 돈독한 유대를 다지려고 든다. 불평불만에는 강한 힘이 있어서 서로 공감하면 유대감이 깊어진다.

사람과 사람이 친해지는 가장 좋은 방법은 공통점을 찾는 일이다. 같은 취미, 같은 출신지, 같은 학교 등 긍정적인 공통점뿐만이 아니다. 부정적인 공통점을 통해서도 충분히 친해질 수 있다.

특정 인물에 대해 함께 험담하다 보면 서로를 이해하게 된 것만 같은 기분이 든다. 이웃끼리 한담을 나누거나 아이의 같은 반 엄마들끼리 모인 점심 자리에서 누군가에 대한 소문이 자주 오르내리는 것도 같은 맥락이다.

그렇다고는 해도 험담은 친해지기 위한 좋은 수단이 아니다.
공통의 적을 배제하면, 또 다른 공통의 적을 찾아야 한다.
그리고 언젠가는 당신도 표적이 되어 인간관계가 끝나버릴 수도 있다.
<u>험담을 기반으로 한 인간관계는 아주 쉽게 부서진다.</u>

자, '커뮤니티 크래셔'라는 말이 나왔다.
친구라고 생각했지만, 실은 그렇지 않을지도 모른다….
그런 존재를 나타내는 '프레너미'라는 말이 있다는 것을 아는가.

'친구이긴 한데, 이야기하고 나면 확 피곤해져서 한동안 보기 싫어져.'
'나를 칭찬하는 건지 깎아내리는 건지 모르겠어.'
'가끔 나를 싫어하나? 싶을 때가 있어.'

험담은 커뮤니티 크래셔가 가진 최대 무기다.

지금 당신의 머릿속에 누군가가 떠올랐다면 그 사람은 어쩌면 '프레너미'일지도 모른다.

'프레너미'란, '친구'라는 의미인 프렌드Friend와 '적'이라는 의미인 에너미Enemy를 합친 조어로 '친구를 가장한 적'을 뜻한다.
'겉으로는 친한 척 행동하지만 실제로는 적의를 가지고 당신을 모함하려는 친구'를 가리킨다.
이 단어가 탄생하게 된 명확한 경위는 알 수 없지만, 2000년 미국에서 큰 인기를 누리며 방영된 드라마 시리즈 '섹스 앤 더 시티'에 이미 등장한 것으로 보아 20여 년 전부터 사람들은 '프레너미'에 시달려 온 모양이다.

프레너미는 언뜻 보면 당신 편을 든 좋은 친구인 것만 같다. 적대적인 태도를 보이는 일이 없기 때문이다. 친근하고 말재주도 좋으며 때로는 자기 일처럼 고민 상담도 해 줄 것이다.

당신이 푸념하면 "맞아!" 하고 공감해 주며 본인도 푸념을 털어놓거나 고민 상담을 해 주므로 순조롭게 신뢰 관계가 구축되어 간다.

하지만 프레너미는 여기서 끝나지 않는다.

프레너미는 당신과 신뢰 관계를 쌓은 다음, 당신에게 손해가 되는 방향으로 움직이도록 유도하거나 자신이 우위에 있도록 통제하기도 한다.

✦ 프레너미의 특징 ① 질투한다

프레너미는 당신을 적대시한다.

당신이 성공하기를 바라거나 응원하는 척하지만 실은 마음속으로 실패하기를 바라고 있다.

예를 들어 당신에게 "A 씨랑 잘 되길 바랄게!"라고 말하면서 막상 A 씨에게 당신에 대한 험담을 흘리기도 한다.

✦ 프레너미의 특징 ② 배신한다

프레너미는 당신을 배신한다.

"절대로 아무한테도 말하지 마!"

그렇게 부탁했는데도 비밀을 폭로당한 적이 없는가?

프레너미는 당신의 신뢰를 얻는 데 정말 능숙하다. 일단 믿게 만든 뒤에는 당신에 관한 정보를 잔뜩 끄집어낸 다음 의도적으로 당신의 비밀을 폭로하거나 개인적인 정보를 다른 사람에게 알려 주기도 한다.

✦ 프레너미의 특징 ③ 비난한다

프레너미는 당신에 대해 비난한다.

노골적인 비난보다 "내가 난처해서 말인데…."라든가 "나는 좋게 생각하지만, 나쁜 소문을 들어서…" 프레너미는 이처럼 말하며 '당신을 좋아해서 하는 말'이라는 전제를 내세우며 비난하거나 다른 사람의 험담을 전한다.

이런 식으로 말하면 자신을 '비난하는 사람'이 아닌 '걱정하는 사람'이라는 위치에 둔 채 당신의 평판을 떨어뜨릴 수 있다.

'그럼, 이제 나랑 친하게 지낼 필요 없는데….'

이런 생각이 들 것이다. 나도 이렇게 생각한다. 굳이 상처 주려고 다가오지 않았으면 하지만, 여기에 프레너미 특유의 비틀린 인간관계가 존재한다.

<u>프레너미가 비난하는 데는 다음과 같은 몇 가지 이유가 있다.</u>

✦ 질투심과 경쟁심이 있다

프레너미는 당신을 경쟁자로 보기에 당신이 성공하거나 좋은 결과를 내는 일이 탐탁지 않다. 자존심이 세서 자기 능력이나 위치가 당신보다 아래로 내려가는 일은 용납하지 못한다.

지지 않도록 노력하면 그만이지만, 좋은 결과가 나올지 안 나올지 모르는 노력을 하기보다 다른 사람을 끌어내리는 편이 쉽다고 생각한다.

✦ 자기방어를 한다

프레너미는 사실 강하지 않다. 하지만 약한 자신을 보여 주기 싫은 탓에 아주 강해 보이는 갑옷을 두른다. 정말 강해지고 싶다면 자신을 단련할 방법은 얼마든지 있다. 하지만 프레너미는 근성도 없는 데다 강해지는 방법을 몰라서(심지어 알려고도 하지 않아서) 악질적인 방식으로만 대처할 줄 안다.

자신이 상처받는 일이 없도록 상대에게 먼저 상처 주는 식으로 항상 자기방어를 한다.

+ 통제 욕구가 있다

비난을 하면 누구나 불안해하거나 상처를 입는다. 충격을 받은 당신에게 "괜찮아? 무슨 일 있어? 말해봐." 하고 상냥하게 말을 건네면서 실은 마음속으로 자기 계획대로 일이 진행되는 모습을 즐긴다.

이는 좋아하는 사람에게 기대하게 만드는 태도를 보이는 심정과 비슷하다. 기대하게 하는 태도에 상대가 당신을 의식하기 시작하면 기쁜 법이다. 연락을 주고받을 때도 상대방이 연락하기를 기다리기보다 상대방을 기다리게 하는 편이 마음에 더 여유가 생긴다.

프레너미도 마찬가지다. 자신의 행동으로 인해 당신이 일희일비하길 기대한다. 좋은 일과 나쁜 일 모두 통제하려는 욕구가 있다.

+ 당신에게 미움받고 싶지 않다

그러한 프레너미도 당신에게 미움받고 싶지 않다. 어디까지나 '친구'라는 전제가 있으므로 마음에 들지 않는다고 해서 친구 관계를 깰 생각은 없다. 그래서 당신에게 불만이 있어도 직접 전하는 일은 없다.

자신은 안전한 위치에 있으면서 누군가 다른 제삼자를 능숙하게 이용하여 당신에게 불만을 전하려고 한다.

그럼 프레너미를 어떻게 대해야 할까?

답은 하나뿐이다. 프레너미에게 정보를 주지 않는 것이다.

SNS에 사적인 글을 되도록 올리지 말자.

점심 식사에 초대받으면 볼일이 있다고 거절하자. 영 보기 힘들다는 소리를 들어도 "좀 바빠서."라고 말하면 된다.

프레너미에게는 연인에 대한 푸념, 일 관련 이야기, 가족에 관한 화제 등 일상적인 대화에서 나오는 사소한 것들이 '먹이'가 된다.

어떤 질문에도 "글쎄, 모르겠어." 하고 얼버무리기만 하면 된다.

프레너미가 당신을 떠날지도 모르지만, 그러면 그 또한 행운이다. 언제 험담할지 모르는 상대와는 빨리 인연을 끊는 것이 좋다.

캘리포니아대학교 데이비스Davis 연구팀이 조사한 바에 따르면, 십 대들의 괴롭힘은 친구 사이에서 일어난다고 한다. 그리고 괴롭힘이 있고 난 뒤에도 당사자 대부분이 친구 관계를 유지했다고 하니 놀랍다.

괴롭힘, 하면 일반적으로 강한 자가 약한 자를 괴롭힐 것만 같지만, 실제로는 입장이 대등한(혹은 입장이 대등해 보이는) 친구 사이에서 오히려 괴롭힘이 더 쉽게 발생한다.

친구이지만, 왠지 피곤해…. 이러한 인간관계에 고민 중이라면 용기를 내어 조금 거리를 두는 것도 고려하자.

DON'T MIND! 03

인터넷상에서의 비난

'신문에 실린 정도로 기뻐하기는, 바보 아니야?'

누군가가 나에 대해 SNS상에 쓴 저격 글이다.

당시 목욕 중이던 나는(욕조에 몸을 담근 채 스마트폰을 보는 것이 일과다) 그 글을 읽고, 뜨거운 물에 몸을 담그고 있었는데도 갑자기 소름이 돋고 핏기가 사라지는 듯했다.

이 험담을 쓴 사람은 나의 지인이었다. 나에 대한 험담을 누군가에게 말하기는 해도 설마 SNS에까지 쓸 줄은 상상도 못 했다.

내가 참여한 자원봉사 활동 내용이 신문에 실린 적이 있었다. 그것이 자랑스러워서 '○○신문에 실렸다.'라고 SNS에 올린 기억이 난다.

그러자 '신문에 실린 정도로 기뻐하기는, 바보 아니야?'라고 쓴 것이다. '실린 정도로'라는 단 다섯 글자의 말이 꽤나 가시처럼 박혀 왔다.

충격이 휩싸인 채 나는 다른 친구에게 상담했다. 그러자 친구는 나에게 공감해 주면서도 이런 말을 했다.

"그런 걸 전부 보니까 그렇지. 이제 그 사람 SNS는 보지 마."

듣고 보니 맞는 말이었다. 그 사람 SNS를 보지 않았더라면 나는 굳이 상처받을 일이 없었다. 그 자리에서 조용히 언팔로우했다.

이제 그 사람이 어떤 험담을 쓰든 내 눈에 띌 일은 없어졌다. 그럼 이제 해결된 것일까?

고쿠사이대학 그로콤GLOCOM 객원 연구원 오기소 겐小木曽健 씨 말을 빌리면, SNS란 '그 사람 집의 현관'이다.

인터넷상에 무언가를 쓰는 행위는, 집 현관에 무언가를 다닥다닥 붙이는 일과 같다. 따라서 현관문에 붙여도 상관없는 내용이라면 인터넷상에 써도 전혀 문제없다. 그리고 현관문에 붙일 수 없는 내용은 인터넷상에도 쓰지 않는 편이 좋다, 가 아니라… 쓸 수 없다.

_도요게이자이신보 온라인 2016. 4. 6.

이 기사를 읽고 나는 정신이 번쩍 들었다.

오기소 씨 말은 인터넷 리터러시 Internet Literacy 교육이라고도 할 수 있다. '인터넷은 익명을 사용해도 사소한 계기로 신원이 드러난다. 따라서 일상에서 하지 않는 일은 인터넷상에서도 해서는 안 된다.'라는 '작성자'에게 제시하는 주의사항이다. 하지만 이는 '작성된 자'에게도 중요한 사고방식이 아닐까.

앞서 이야기한 에피소드를 예로 들면 지인 집 현관에 'OO는 바보다'라고 나를 저격한 벽보가 붙여진 셈이다.

지인 집 앞을 지나가다 엉겁결에 내 비방을 목격해 충격받은 나는, 이제 두 번 다시 상처받고 싶지 않다는 생각에 앞으로 그 사람 집 앞을 지나가지 않기로 했다.

하지만 눈치챘는가? 이런 방법으로는 문제가 전혀 해결되지 않는다는 사실을 말이다.

현관에 쓴 저격 글은 통행 경로를 변경한 나에게는 보이지 않지만, 그 집 앞을 지나는 다른 사람들에게 계속 노출된다. 이번에 한 명이었지만, 여러 사람에게 비판받는 일도 있다. 여러 집의 현관에 나에 관한 비방이 붙어 있다고 생각하면, 외출이 두려워질지도 모른다. 그 어떤 길도 지나다닐 수 없게 되어 집에 틀어박히게 될 것이다.

　연예인이 SNS에 올라온 글 때문에 마음의 상처를 입고 활동 중단에 내몰리는 일도 많다. 최악인 경우 생명까지 위협받는 사태도 일어난다. 이는 사람들이 '싫으면 보지 마.' 하고 반박도 못 하게 만든 결과로, 옴짝달싹할 수 없어진 그 사람이 자기 마음을 닫아 버렸기 때문이라고 생각한다.

　이렇게까지 SNS가 우리 생활 일부가 된 지금, 보고 싶은 것, 알고 싶은 정보만 보기란 불가능하다. 미리 '클릭 주의'라고 알려 주는 친절한 글만 있지 않듯이 '당신에 대한 비방이 쓰여 있으니 읽지 마.' 하고 미리 알려 주는 글도 없다.

　이제 SNS는 '상처받는다면 보지 않으면 그만이다'로 끝날 도구가 아니다. 이러한 SNS 시대에는 '보게 된 것을 받아넘기는 기술'이 필요하다.

　비난에도 신경 쓰지 않는 사람은 '뭐, 어때.' 하고 쉽게 털어 내지만, 신경 쓰는 사람은 받아넘길 수 없어서 계속 속을 끓인다.

　그러면 여기서 비판적인 SNS를 보게 되었을 때 할 수 있는 대처법을 살펴보겠다.

왜 상처를 받았는지, 상처받은 부분을 분석한다

자신에 관한 비판을 분석하려면, 그것과 마주해야 해서 다소 힘든 일일 수도 있다. 다만 여기서 '마주하기만 하고 받아들이지 않기'가 포인트다.

커뮤니케이션은 캐치볼이다. 자기가 잡을 수 있는 볼만 캐치하면 될 뿐, 상처 입을 우려가 많은 볼에 무리해서 손대지 않는 것이 철칙이다.

우선은 상대가 던진 볼이 어디로 튈지 관찰하자. 다음으로 상대편으로부터 날아온 볼의 어떤 점이 싫었는지 생각해 보자.

무서워서였는지, 더러워서였는지.

나는 신문에 실려 기뻐하는 나를 '바보'라고 칭한 사실보다 나에 대한 저격 글을 '그 지인'이 썼다는 데 충격을 받았다.

같은 내용을 별로 친하지 않은 다른 사람이 썼더라면 어땠을까? 그렇게 상상해 봤더니 나에게서 먼 존재일수록 타격감도 작아져서 전혀 모르는 사람이 '바보 같다'라고 한다면 '아, 그래.' 정도로만 반응했을 것 같았다.

이렇게 분석함으로써 내가 생각보다 그 지인을 좋아했구나, 하고 자각하게 되었다. 좋아했기에 그 저격 글이 충격으로 다가온 것이다.

내가 좋아했던 사람은 나를 그리 좋아하지 않았다.

이러한 결과에 도달하자 그 일이 자연스럽게 받아들여지면서 충격적인 기분이 사그라들었다.

충격을 받은 이유는 나 자신도 '어째서?'라는 기분을 떨칠 수 없었기 때문이다. 그 '어째서?'를 알면 사람은 의외로 냉정해지는 법이다.

DON'T MIND! 04

비난당해도 당신의 가치는 떨어지지 않는다

격려를 들으면 '좋았어! 오늘 하루도 힘내자!' 하고 스스로를 응원하며 무슨 일이든 잘될 것만 같은 기분을 느끼는데, 비난당하면 때때로 아무것도 손에 잡히지 않는 '사고 정지' 상태로 빠지게 된다.

여기에는 인간의 뇌 구조가 깊이 관계된다.

뇌는 자신에게 불리한 정보를 받지 않도록 프로그램되어 있다

'확증 편향'이라는 심리학 용어가 있다.

이는 자신이 옳다고 생각하거나 자신에게 편리한 정보만 모으고 그 이외의 정보는 기억에 별로 남기지 않는 뇌의 성질을 말한다.

쉽게 접할 수 있는 혈액형별 성격 유형이 이에 해당한다.

A형은 꼼꼼하며 성실하고, B형은 자기 방식대로 하고 개성이 강하며, O형은 대범하고, AB형은 양면성이 있다…. 일반적으로 각 혈액형에 대해 이처럼 인식하지만, 한편으로 혈액형과 성격의 관련성에는 과학적인 근거가 없다고도 한다.

A형인 나에게는 과자 봉지 쓰레기를 포춘쿠키 속 쪽지처럼 작게 접는 습관이 있었다. 접으면 그냥 버릴 때보다 부피가 줄어들기 때문이다(부피는 줄어들지만 재활용이 안 될 수 있으니 접지 말자).

내가 그렇게 하면 사람들이 '역시 A형이구나.'라고는 하는데, 바로 이것이 'A형은 꼼꼼하다'라는 확증 편향이다.

한편, 나는 물건을 정리하는 데 서툴다. 사용한 가위를 그대로 내버려두는 일이 다반사다. 자동차 열쇠도 종종 행방불명된다. 하지만 이는 혈액형 성격 유형에서 말하는 'A형은 꼼꼼하다'에 해당하지 않아서 상대가 '정리가 서툴다'는 인상을 받는 일은 드물다.

이처럼 일상 곳곳에서 확증 편향이 작용하여 사람의 뇌는 보통 자기 생각과 반대되거나 불리한 정보를 받아들이지 못한다.

비난당하는 상황은 대부분 자신이 예상치 못한 상황에서 일어난다. 따라서 자신에게 불리한 정보는 받아들이지 않도록 프로그

램된 뇌가 프로그램에서 벗어난 일에 오류를 일으키며 사고 정지에 빠진다.

사고가 정지된 채로는 충격에서 벗어날 수 없다

일 년쯤 전에 SNS에 '인생 첫 고급 가방'이라는 게시물이 올라와 화제가 되었다.

한 외국인 여성이 SNS상에서 아버지가 사 준 새 가방을 인생 첫 고급 가방이라고 소개했다. 그러자 '뭐가 고급이라는 거야?', '패스트푸드를 파인 다이닝이라고 부르는 격이네.' 등 예상치 못한 비판이 쇄도했다.

그 가방의 가격은 한화로 8만 원 정도였다.

글을 올린 여성은 이 게시물로 인해 비판받으리라고는 추호도 생각지 못했다고 한다.

예상치 못한 상황에서 많은 사람에게 악플 세례를 받았으니 사고 정지에 빠지지 않았을까. 심장이 쿵쾅거리며 아무것도 손에 잡히지 않고 잠도 못 이루었을 것이다. 모처럼 선물받은 가방이 꼴도 보기 싫어질지도 모른다.

하지만 이 여성은 달랐다.

'왜 다들 내 게시물을 비판했을까.' 그녀는 자신의 글과 그에 대한 악플과 마주했다.

그리고 어떤 결론에 도달했다. 그녀와 악플러에게 8만 원의 가치는 전혀 달랐다. '악플러는 수백만이 넘는 가방을 고급 가방이라고 생각한다.' 그렇게 결론을 내고서 그녀 나름의 생각과 함께 냉정하게 반론했다.

'당신들에게 이 가방은 비싼 것이 아닐지도 모르지만, 부유하지 않은 우리 가족에게는 상당히 비싼 것이에요. 아버지가 정말 열심히 일해서 번 돈으로 사 주신 거니까요.'

이 여성이 자신에 대한 비판과 마주하지 않았더라면, 사고가 정지된 채 그저 상처만 받았을 것이다.
'다들 나를 싫어해.'
'촌스럽게 그 정도로 기뻐한 내가 창피해.'
이처럼 다르게 해석했을지도 모른다.
사고를 움직여 제삼자의 시점에서 악플을 읽고 어떤 점이 주목받았는지를 냉정하게 분석하여 훌륭하게 대응했다.

'나는 잘못한 게 없어! 악플 단 사람이 나빴지!'

이렇게 생각하면 정신적으로 편하지만, 매번 사고를 멈추고 얼버무리면서 살아가면 결국 멘털이 소모되고 만다.

'그들은 어떤 의미로 한 말일까?' 용기 있는 한 걸음을 내디뎌 보자. 이를 계속할수록 비난에 내성이 생길뿐더러 커뮤니케이션 능력도 향상된다.

사고 정지에서 빠져나오는 법

✦ ① 비난이 합당하지 않다는 전제로 생각한다

'내가 잘못해서 비난당하는 게 아닐까…'

이는 잘못된 사고방식이다. 그런 생각만 해도 점점 자존감이 떨어진다.

아무리 완벽해 보이는 사람이라도 작정하고 찾으면 비난할 거리는 얼마든지 찾을 수 있다.

비난당하는 사람이 잘못해서가 아니라 **'누군가가 비난할 거리를 찾아내기에 비난당한다'**는 점을 대전제로 삼자.

✦ ② 밖으로 나간다

밖으로 나가서 기분을 전환하자.

늘 지내는 공간에서는 눈에 보이는 것과 귀에 들려오는 소리가 대부분 익숙한 것들뿐이다.

그러다 보면 시각과 청각 자극이 부족해 비난이 머릿속을 가득 메워 버린다.

밖에 나가서 자연의 소리를 듣고 평소와 다른 경치를 보며 오감에 자극을 주자. 부정적인 말이 머릿속을 차지하는 비율이 조금씩 줄어들면서 기분 전환이 된다.

✦ ③ 누군가에게 이야기한다

비난을 들었다고 털어놓는 데는 용기가 필요하다. 하지만 누군가에게 말하면 머릿속도 정리할 수 있는 데다가 자신은 미처 생각지 못했던 대답이 돌아온다는 이점이 있다.

마음속에 있던 불안과 슬픔, 답답함 등 부정적인 감정을 이야기하고 나서 속이 시원해진 적이 있는가?

이를 심리학 용어로 '**카타르시스 효과**'라고 한다.

한 사람에게 이야기하는 것만으로도 충분히 효과적이지만, 만약 가능하다면 여러 사람에게 상담해 보자. 안 좋은 일은 다른 사람에게 많이 말할수록 빨리 잊게 된다.

처음에는 세세하게 이러쿵저러쿵 설명하다가도 몇 번 이야기하다 보면 간략하게 이야기하게 되고, 그러다 점점 귀찮게 느껴지면 성공이다. '많은 일이 있었어.' 한 마디로 끝낼 정도가 되면 이미 당신의 마음속에 있던 응어리가 상당히 가벼워져 있을 것이다.

자신의 가치는 자신이 정하는 것

나는 내가 사는 지역의 중학교와 고등학교에 나가 강연을 하기도 한다.

그럴 때 반드시 선보이는 비장의 이야기가 있다.

장난감 5만 원권을 준비해서 학생들에게 질문한다.

"얘들아, 이 5만 원권이 진짜라면 갖고 싶어?"

적극적인 학생들이 제각기 대답한다. "갖고 싶어요!", "게임 아이템 살래요!", "뭐든 살래요!"

그럼 나는 5만 원권을 탁 친다.

"내가 지금 이 5만 원권을 쳤어. 자, 한 대 맞은 5만 원권인데 그래도 갖고 싶어?"

학생들은 여전히 '갖고 싶다'고 한다. 맞기 전에도 맞은 후에도 5

만 원권에는 변함없기 때문이다.

　다음으로 나는 5만 원권을 꽉 쥐어 구긴다.

　"내가 지금 이 5만 원권을 구겼어. 자, 봐봐. 이렇게 아주 꼬깃꼬깃하게."

　꽉 눌려 작아진 채 손바닥에 올려진 5만 원권. 그래도 다들 "펴면 사용할 수 있어요."라고 하며 여전히 '갖고 싶다'고 한다. 구겨지기 전에도 구겨진 후에도 5만 원권에는 변함없기 때문이다.

　이번에는 뭉쳐진 5만 원권을 바닥에 떨어뜨리고는 발로 쿵쿵 밟는다.

　"이 5만 원권을 밟아 뭉갰어. 맞고, 구겨지고, 게다가 나에게 밟혀 엉망이 된 5만 원권이야. 갖고 싶어?"

　학생들이 웃으면서 대답한다.

　"갖고 싶어요!"

　밟히기 전에도 밟힌 후에도 5만 원권에는 변함없기 때문이다.

　나는 천천히 5만 원권을 펼쳐서….

　"그럼 내가 이번에는 이걸 이렇게 할 거야."

　맞고, 구겨지고, 밟혀서 엉망이 된 5만 원 권를 여러 조각으로 갈기갈기 찢는다.

　"찢어 버렸어. 이 찢어진 5만 원권이라면 어때? 갖고 싶어?"

　여기서 몇몇 학생들은 "어, 못 쓰니까 필요 없어요."라고 반응하

5만 원권의 가치는?

지만, 반드시 누군가가 이렇게 말한다.

"은행이요!"

"그래! 은행에 가져가면 새로운 5만 원권과 교환해 주지!"

이렇게 말하면 조금 전에 '필요 없다'고 하던 학생들도 "그럼 갖고 싶어요."라고 말한다.

때려도, 꼬깃꼬깃 구겨도, 짓밟아도, 찢어도 5만 원의 가치는 달라지지 않는다.

<u>사람의 가치 또한 맞아도, 구겨져도, 짓밟혀도, 마음이 갈기갈기 찢겨도 달라지지 않는다.</u>

이 사실을 이야기하고 싶어서 나는 항상 이 퍼포먼스를 한다.

강연 후에 설문 조사를 하면 '누군가에게 어떤 일을 당해도 자신의 가치는 떨어지지 않는다는 것을 배웠다.', '5만 원권 이야기가 가장 기억에 남는다.'라는 감상을 받는다.

때때로 '인간은 때려도, 걷어차도 가치가 변하지 않으니 무슨 짓을 해도 괜찮다.'라는 식으로 나의 의도와는 다르게 받아들이는 아이도 있지만, 그렇게 받아들이는 것 자체가 '인지 왜곡'이자 그 아이가 보내는 SOS 신호라고 생각한다.

사람은 비난당하면 가치가 떨어질까?

그렇지 않다.

비난은 누군가가 자기 마음대로 주관에 따라 하는 말과 행위다.

고양이를 보고 '귀엽다'라고 말하는 사람도 있고, '무섭다'라고 말하는 사람도 있듯이 사람은 자신의 잣대로 대상을 재고, 제멋대로 말할 뿐이다.

비난당하고 마음이 무너지는 사람 대부분이 스스로 자신을 '가치가 없다'고 믿어버리는 경향이 있으니, 그 생각이 올바른지 항상 답을 찾으려고 한다.

그래서 비난당하면 '역시 내가 생각해도 난 가치가 없다고 여겼는데, 다른 사람이 봐도 가치가 없는 사람이었나 봐.' 하고 정답을 찾은 것만 같은 기분이 들어 그 비난에 점점 사로잡히게 된다.

스스로 자신의 가치를 떨어뜨리고 있다면, 반대로 스스로 자신의 가치를 올릴 수도 있지 않겠는가.

"에이…. 저한테 가치 같은 거 없어요."

다들 그렇게 말하지만, 지금부터 소개할 습관을 들이면 반드시 자존감을 높일 수 있다.

자존감을 높이는 매일 습관 - 거울을 향해 미소 짓는다

매일 세수하거나 화장하며 마주하는 거울로 있는 그대로의 내 표정만 보는 것은 왠지 아깝다. 거울을 유용하게 활용해서 매일 미소를 지어 보는 건 어떨까.

뇌는 즐거워서 웃는 것이 아니라 웃어서 즐겁다고 인식하게 되어 있다.

뇌가 '즐겁다'고 인식하는 스위치는 눈보다 조금 아래에 있는 광대뼈 근처에 있으므로 이 부분이 움직일 정도로 표정 근육을 사용해서 웃는 것이 포인트다.

자존감이 낮을 때는 자신의 미소조차도 기분 나쁘다는 생각이 들지만, 어차피 아무도 보지 않으니 괜찮다. 매일 웃는 연습을 하자.

익숙해지면 웃는 얼굴을 셀카로 찍기를 추천한다.

거울만 볼 때보다 어렵게 느껴지겠지만 셀카가 훨씬 효과적이다. 이때 반드시 멋진 표정이 아닌 웃는 얼굴을 찍도록 주의하자.

아마 많은 사람이 멋진 표정으로 사진을 찍는 데는 거부감이 없을 것이다. 단체 사진이나 증명사진 등 멋진 표정을 짓는 데 익숙해졌기 때문이다.

하지만 멋진 표정을 찍어서는 의미가 없다. 웃는 얼굴이란 점이 중요하다.

처음에는 전혀 웃는 표정 같아 보이지 않아도 괜찮다.

조금씩 입꼬리를 올리며 눈 주위 근육도 사용하고 마지막으로 치아를 보여 주듯 활짝 웃는 얼굴로 셀카를 찍자.

실은 이 '미소 셀카'는 유튜브 강연가 가모가시라 요시히토 씨가 주관하는 '화술 학교'에서 내 준 숙제였다.

나도 처음에는 멋진 표정, 멋진 미소를 짓고 찍었다. 다른 사람이 어떻게 평가할지 신경 쓰여서 진심으로 미소 지을 수 없었다.

그래도 매일 열심히 미소 셀카를 찍은 결과, 어느샌가 자존감이 높아졌음은 물론이고 무엇보다도 주변에서 "웃는 모습이 멋져요.", "항상 즐거워 보여요.", "믿음직스러워요." 그런 말을 듣게 되었다.

어떤 각도로, 어떤 배경으로, 어떤 표정으로 찍으면 좋을지 생각한다. 그리고 미소를 찍어 자기 눈으로 보고 인식한다.

이 과정은 자존감을 높이는 데 매우 효과적이다.

DON'T MIND! 05

비난에 대해 다시 생각해 본다

'험담'과 의미가 비슷한 말로 '불평', '푸념'이 있다.

"내 푸념 좀 들어 줘."

"마음이 복잡했는데, 너에게 푸념을 늘어놓고 나니 아주 속이 후련해."

이처럼 사람들은 종종 푸념이라고 칭하며 다른 사람에게 부정적인 이야기를 하기도 한다.

험담은 멀리해야 하지만, 적당한 푸념은 일상적인 기분 전환에 필요하다.

단, 이 두 가지를 혼동해서는 안 된다.

'험담은 나쁜 것이니 하지 말자.'

그런 생각이 지나친 나머지 자신의 감정을 밖으로 쏟아 내지 않으면 정신질환에 시달릴 수도 있다.

한편, 자신은 푸념할 셈으로 이야기했는데 다른 사람이 보기에는 험담 같아서 '그 사람은 다른 사람 비난만 하는 사람이다'라고 부정적인 인상을 주기도 한다.

푸념과 험담의 차이를 이해하고 강한 멘털을 만드는 데 활용해 보자.

✦ 푸념과 험담의 차이 ①

푸념: 마음속에 품은 불평을 토로하는 말

험담: 다른 사람을 헐뜯는 말

푸념은 자신의 감정을 쏟아 내는 것이다.

주로 스트레스를 풀기 위해 불만스럽거나 불평스러운 일을 겪었을 때 어떤 기분이 들었는지 말로 내뱉는다.

"A가 나보고 일을 허술하게 하는 사람이라고 하더라. 나는 꼼꼼하게 한다고 했는데 충격적이야."

"비밀로 해달라고 신신당부했건만 발설하다니 화가 나."

이러한 내용은 '자신'을 주어로 한 감정의 토로이므로 험담이 아넌 푸념이다.

    듣는 사람은 분명 '그래서 힘들었겠구나.' 하고 위로를 해 줄 것이다.

    험담이란 상대방을 헐뜯거나 비판적인 말을 던지는 것이다.
    "A가 나보고 일을 허술하게 하는 사람이라고 했다더라. 자기도 남 말할 처지가 아니면서!"
    "비밀로 해달라고 신신당부했는데도 여기저기 얘기했더라고. 그 사람은 입이 가벼워."
    이때는 '남 말할 처지가 아니면서', '입이 가벼워' 등 상대방의 행동을 비판하고 있으므로 험담에 해당한다.
    들은 사람은 분명 '자기도 남 말할 처지가 아니니 험담을 험담으로 갚지 않는 편이 좋을 텐데….'라고 생각할 것이다.

    험담과 푸념의 차이가 구별되지 않는 사람은 주어를 의식해 보면 이해하기 쉽다.
    '나는 이렇게 생각했다.'
    이처럼 주어를 자신으로 바꾸어 말할 수 있으면 푸념이다.
    '그 사람은 이런 사람이다.'
    이처럼 다른 사람이 주어가 되면 험담이다.

✦ **푸념과 험담의 차이 ②**

푸념: 상대방에게 상처를 줄 의도가 없는 말

험담: 상대방에게 상처를 줄 의도가 있는 말

푸념은 자신의 불만이나 고통을 말로 내뱉는 것이다.

상대를 비난하거나 상처를 주기보다 부정적인 감정을 품은 나에게 누군가 위로를 건네기를 바라는 경우가 많다.

누군가에게 푸념을 늘어놓음으로써 "그래, 당신 기분 아주 잘 알지."라고 공감을 받거나, "이렇게 해 보면 괜찮지 않을까?" 하고 문제 해결을 위한 조언을 받기도 한다.

이처럼 푸념은 커뮤니케이션 수단 중 하나이기도 하다.

반면에 험담은 상대방에게 상처를 줄 의도를 담고 있다.

상대에게 상처를 주거나 공격하기 위해 업신여기는 듯한 태도나 말투를 사용한다.

더불어 '입이 가볍다', '태도가 거만하다' 등 상대방에 대한 비판을 다른 누군가에게 말함으로써 상대방의 평판을 낮추려고 한다.

'바보', '기분 나빠', '짜증 나', '재수없어'.

이와 같은 험담은 너무나도 쉽게 사용한다. 제대로 된 근거가 없어도 손쉽게 상대를 비판할 수 있다.

✦ 푸념과 험담의 차이 ③

푸념: 명확한 이유가 있음

험담: 딱히 뚜렷한 이유가 없음

"부탁받은 일을 했을 뿐인데 불평하더라."

불합리한 일로 주의를 받으면 당연히 화가 나는 법이다.

반대로 말하면, 스트레스를 느낄 일이 없으면 푸념할 일도 없다.

반면에 험담은 특별한 사건이나 계기가 없어도 만들어진다.

"그 사람은 말이야, 전부터 든 생각인데…."

이러한 경우가 그에 해당한다. 왠지 싫으니까, 왠지 마음에 들지 않아서, 이처럼 '왠지'에서 비롯된 것이 험담이다.

명확한 이유가 없어도 되니 험담할 거리도 무한하다. 이는 타인에 대한 험담은 밤을 새워서라도 할 수 있는 이유이기도 하다.

✦ 푸념과 험담의 차이 ④

푸념: 말하는 본인이 불쌍하게 생각되는 것

험담: 그 말을 듣는 사람이 불쌍하게 생각되는 것

'혼났어', '불쾌한 말을 들었어', '스트레스 받아' 그렇게 말하는 사람에 대해서 '괴로웠겠구나', '안타깝네', '신경 쓰지 마' 그러한 생각이 드는 내용이라면 푸념이다.

　한편 험담은 '그 자식 짜증 나', '미친 거 아니야', '사람도 아니야' 등 그런 말을 듣는 사람에 대해 무심코 '그 말은 지나친데', '상대가 불쌍하다', '그렇게까지 말할 것 없잖아'라는 생각이 들만한 내용을 담고 있다.

　아무래도 푸념은 상대방에게 동정을 자아내므로 때로는 상대가 '성가시다', '귀찮다'라고 생각할 수도 있다.

　입에 달고 사는 것은 좋지 않지만, 적당히 푸념을 털어놓아 스트레스가 쌓이지 않도록 하는 것은 하루를 살아가는 데 매우 중요하다. 적당히만 푸념을 늘어놓는다면 상대에게 '나를 신뢰하는구나' 하고 '의지하는 느낌'을 주기도 할뿐더러 서로의 유대감도 깊어진다.

　반면에 다른 사람을 험담하는 것은 상대방에게 상처를 줄 뿐만 아니라 자신에 대한 신뢰와 사회적 가치를 떨어뜨리는 행위다.

　다른 사람을 헐뜯는 말을 듣게 된 사람은 '이 사람은 나에 대해서도 다른 사람에게 저렇게 말할지도 몰라.'라고 생각할 수 있다. 특히 친하지 않은 사람일수록 '별로 친하지도 않은 나한테 저런 말을 쉽게도 하는구나.' 싶어 경박한 사람이라고 생각하게 된다.

　푸념은 늘어놓아도 되지만 험담은 하지 않는 편이 좋다.

'그거야 잘 알지만 그래도 역시 말하고 싶어.'

물론 이럴 때도 있다.

이 책을 읽고 있는 여러분 중에 험담을 한 번도 안 한 사람이 있을까?

"저는 태어나서 험담한 적이 한 번도 없어요!"

그렇게 단언하는 사람은 아마 '자신이 험담하고 있다는 자각이 없을 뿐'이다.

당신이 험담했을 때 대체 어떤 기분으로 그 말을 했는지 되돌아보아라.

예를 들어 신뢰하던 사람에게 배신당했다. 그리고 이렇게 말했다고 하자.

"그 자식이 나를 배신했어! 진짜 못된 놈이라고! 그런 자식은 사람도 아니야!"

겉으로는 그저 상대를 헐뜯는 험담처럼 들리지만, 그 속에 푸념이 숨어 있음을 알아챘는가.

푸념이란 자신의 감정을 토해 내는 것이라고 했다.

이 경우에는 '믿었다가 배신당해서 너무 상처받았다'라는 마음이 숨어 있다. 그 마음을 어떠한 이유로 솔직하게 표출할 수 없을 때 험담을 빙자한다.

✦ 험담은 진심을 감추기 위한 2차 감정

2차 감정을 설명하기 전에 먼저 1차 감정이란 무엇인지부터 알아보자.

1차 감정이란 사물에 대해 우리가 처음 느끼는 감정이자 인간의 본능적인 감정을 말한다.

컬럼비아대학교 심리학자 로버트 플루치크는 인간에게 여덟 가지 기본 감정이 있다고 제창했다.

✦ 플루치크에 따른 기본 감정

기쁨: 성취감과 감사 등 상쾌한 기분

신뢰: 걱정 없이 믿고 안심하는 기분

공포: 위험이나 위기를 느끼는 기분

놀람: 예상치 못한 일에 놀라는 기분

슬픔: 상실감과 증오심 같은 기분

혐오: 불쾌감과 혐오감 같은 기분

분노: 불쾌하고 초조한 기분

기대: 희망을 품고 기다리는 마음

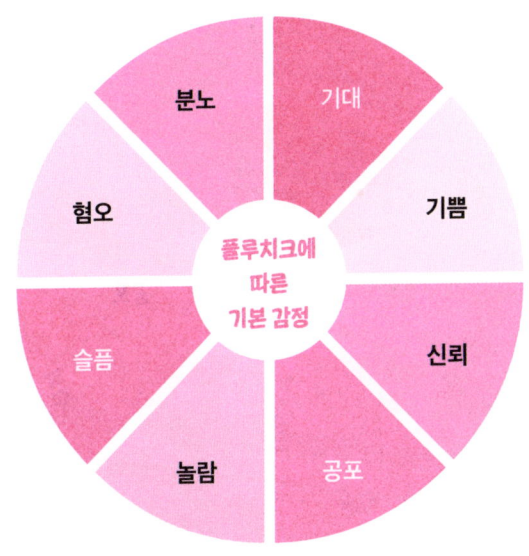

우리가 외부로부터 어떤 자극을 받았을 때 느끼는 이 여덟 가지 감정을 '1차 감정'이라고 한다.

그리고 그 여덟 가지 감정 중 두 가지 이상이 섞여 생기는 것이 '2차 감정'이다. 조합하면 다음과 같은 감정이 생긴다.

✦ **두 가지 1차 감정이 섞여 생기는 2차 감정**

기쁨+신뢰=사랑

신뢰+공포=순종

공포+놀람=경외(무섭다, 겁먹다)

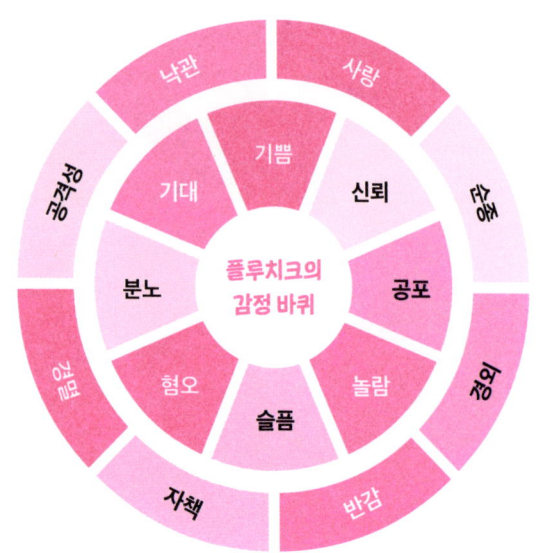

놀람+슬픔=반감

슬픔+혐오=자책

혐오+분노=경멸

분노+기대=공격성

기대+기쁨=낙관

"왜 이런 것조차 못하는 거야! 전에도 설명했잖아!"

그렇게 소리치는 장면을 상상해 보라.

이는 '당신에게 설명했으니까 이제 할 줄 알겠지.'라는 '기대'와

'설명했는데 왜 못하는 거야!'라는 '분노'의 두 가지 감정이 섞여 '호통친다'라는 '공격'이 되어 밖으로 나온 셈이다.

'2차 감정'이란 커뮤니케이션 과정에서 지극히 당연하게 수반되는 것이다.

험담 또한 마찬가지다.

"A가 양다리 걸쳤대. 최악이지. 사람도 아니라니까."

이 말을 보면 A를 최악이라고 말하는 그 이면에서 '혐오감'과 '불쾌함(분노)'이 섞여 '경멸'이 되었음을 알 수 있다.

1차 감정만 놓고 보면 다음과 같은 푸념으로 나뉜다.

'A가 양다리를 걸쳐서 혐오감이 든다.'

'A가 양다리를 걸쳐서 불쾌하다.'

그리고 두 가지가 섞이면서 '사람도 아니다'라는 험담이 된다.

당신이 말한 험담에는 어떠한 1차 감정이 내재되어 있었을까?

<u>먼저 자신의 1차 감정을 분석하는 버릇을 들이자.</u>

그러면 누군가의 험담을 들었을 때도 '사실은 기대하고 있었구나.'라든가 '생각지도 못한 말이라 놀랐구나.' 하고 험담을 '감정'이 아닌 '사건'으로 받아들일 수 있게 되면서 마음이 편안해진다.

Column 1

아, 개가 짖는구나

개가 짖으면 그냥 '개가 짖는구나'라고 생각하죠.

"이 개는 왜 나를 보면 짖을까?"

"내 행동의 어디가 마음에 안 드는 걸까?"

"어떻게 하면 짖지 않을까….."

이런 식으로 잠시 의문이 들 수 있지만, 끙끙대며 계속 곰곰이 고민하는 사람은 아마 없을 것입니다.

다음 날에도, 그다음 날에도 '그 개는 왜 나를 보고 짖었을까….' 하고 충격이 가시지 않는 사람은 거의 없을 거예요.

험담도 그 정도밖에 되지 않습니다.

_히로유키, <다이아몬드 온라인>, 2021. 9. 12.

과거 일본 최대 규모 익명 게시판 '2ch(채널)'의 개설자이자 관리자였던 니시무라 히로유키 씨.

그는 곧잘 다른 사람을 '머리가 나쁘다', '무능하다'라고 깎아내렸다. 그리고 그 발언이 거론되며 자주 비난받는 인물이다.

그런 히로유키 씨에게도 본받고 싶은 점이 있다. 바로 '다른 사람에게 비난받아도 일절 신경 쓰지 않는다'는 강인한 멘털이다.

확실히 히로유키 씨가 한 말처럼 험담하는 사람에 '개'를 대입하면 그다지 대수롭지 않게 느껴진다.

가령 출근 길에 자신에게 이빨을 드러내며 "월월!" 하고 짖는 개와 마주쳤다고 하자.

개가 짖는데 '와, 귀여운 개로구나! 나한테 짖다니 기쁜걸!'이라고 생각하는 사람은 없다.

그러면 그 개가 짖지 않도록 하려면 당신은 내일부터 어떻게 하겠는가?

개가 좋아할 간식을 가져가서 짖을 듯싶으면 비위를 맞출까? 아니면 개에게 "제발 짖지 말아 줘요."라고 부탁할까?

"왜 짖는지 이유를 알려 주세요." 하고 대화를 나누어야 할까?

전부 황당한 선택지임은 두말할 것도 없다. 답은 하나다. 그 길을 지나지 않으면 모두 해결된다. 개를 짖지 못하게 하는 방법은 없다. 짖는 게 싫으면 다가가지 않으면 될 뿐이다.

히로유키 씨는 자신의 유튜브에서 이렇게 말했다.

"누군가 개 꼬리를 밟았어요. 그런데 그 개는 제가 밟은 줄 알고 저한테 짖어댔죠. 그래도 저는 제가 밟지 않았으니 개에게 딱히 사과할 필요가 없어요. 그 개에게 '내가 아니라 저 녀석이 밟았어.'라고 말한들 개는 그 말조차 이해하지 못하니까 저를 보고 짖는 상황에서는 '뭐 어쩔 수 없지, 개와는 말도 안 통하고 말이야.'라고 생각하게 돼요. 그래서 말이 안 통하고 이해하지 못하는 사람이 있어도 이 사람은 '그렇게 이해하는 사람이구나.' 그러고 끝이죠."

개는 개 나름대로 무슨 이유가 있어서 짖겠지만, 우리가 그에 대해 진지하게 생각하며 고민하거나 힘들어할 필요는 전혀 없다.

당신이 그 개를 피한다고 해도 그 개는 그저 앞을 지나가던 다른 누군가에게 또 똑같이 이빨을 드러내고 짖을 것이다.

훈련되지 않은 개일수록 쓸데없이 짖는 법이다.

자, '개'를 '그 사람'으로, 그리고 '짖다'를 '험담하다'로 바꾸어 다시 한번 읽어 보자.

CHAPTER 2

비난받아도
절대로 해서는
안 될 다섯 가지

DON'T MIND! 01

감정적이 된다

누군가에게 비난받고 냉정하게 있을 수 있는 사람은 많지 않다.

'흐음, 그렇구나.' 하고 겉으로는 태연한 척해도 내심 충격이나 상처를 받거나, 여러모로 부정적인 감정이 든다.

부정적인 감정은 긍정적인 감정보다 에너지가 몇 배나 강해서 스스로 통제하기 어려운 데다 때로는 폭주하기도 한다.

어린아이는 마음에 들지 않는 일이 있으면 울고불고하기도 한다. 감정의 표출만으로 주변 어른을 움직일 수 있다는 사실을 알기 때문이다.

아이는 태어난 후 몇 년 동안 자신의 기분을 정확한 말로 표현할 수 없다. 화를 내거나 우는 것으로 감정을 표현하면 주변 사람들이 비위를 맞추거나 우는 이유를 찾으려고 노력한다. 이러한 경험은 '주변 사람들을 움직이는 성공 패턴'으로 새겨진다.

어른이 되면 감정을 말로 표현하거나 스스로 조절할 수 있게 되지만, '주변 사람을 움직이는 성공 패턴'이 너무나 쉽고 편리하다 보니 여전히 그 방법에 의존하려는 사람도 있다.

이처럼 자신의 주장이 받아들여지도록 울거나 화를 내는 사람을 우리는 '감정적인 사람'이라고 부르기도 한다. 즉, '감정적'이란 그러한 성격이 아닌 '감정을 자주 이용하는 것'을 말한다.

어린아이가 떼를 쓰면 '아이니까 어쩔 수 없지.'라고 생각할 수 있지만, 어른이 되면 이야기가 달라진다.

인간은 감정을 말로 전달할 수 있는 동물이다. 감정에 지배당하지 않고 감정을 잘 이용하자, 라고 생각을 바꾸어 보자.

 "왜 그런 말을 한 거야!" 하고 상대를 감정적으로 다그치고 말았다.

건설 현장에서 일하는 F 씨는 직장 동료가 자신을 험담했다는 사실을 알고 많은 사람 앞에서 "왜 그런 말을 한 거야!" 하고 고함쳐 버렸다. '나도 모르게 욱해서….'라며 후회했지만, 역시 바람직한 행동이라고는 할 수 없다.

F 씨는 희로애락의 폭이 넓다고 한다. 특히나 자기 뜻대로 되지 않으면 감정적으로 되기 쉬워 이처럼 직장에서 충돌하는 일도 종종 있었다.

F 씨는 직장에서 승진을 앞두고 '분노 조절'을 익히고 싶다며 찾아왔다.

감정적이 되면 충동적인 행동을 하게 된다. F 씨의 경우로 말하면, 많은 사람 앞에서 언성을 높인 것이 이에 해당한다. 미국을 비롯한 많은 나라에서는 '사람들 앞에서 고함치는 일'을 최악의 행동으로 본다. 특히 비즈니스 자리에서는 그런 행동이 '감정 조절이 안 되는 사람'이라는 평가로 직결된다.

감정적인 사람은 사고 경로가 유치하다. '울면 요구를 들어준다.', '호통치면 주변 사람들이 입을 다문다.' 이처럼 자기 뜻대로 일을 진행하고 싶어서 감정이라는 간단한 수단을 선택한다.

예를 들어, 유치원에 다니는 아이가 장난감을 갖고 싶어서 떼를 쓰고 있다고 하자. 이때 "안 되는 건 안 되는 거야! 시끄러워!" 하고 큰소리로 호통치고 째려본다면 그 아이는 마지못해 장난감을 포기

할 것이다. 시간도 몇 분밖에 안 걸린다. 하지만 그 아이에게 "오늘은 이 장난감을 안 살 거야. 생일선물로 사 줄 테니 그때까지 기다리자." 하고 말로 설득하기란 정말 어려운 일이다. 아이는 아직 사고가 단순해서 지금 갖고 싶은 것을 생일까지 기다릴 수 없는 데다 과자는 사 주면서 왜 장난감은 사 주지 않는지 이해할 수 없기 때문이다.

또 예전에는 학교 선생님 중에 화를 자주 내는 사람이 몇몇 있었다. 수업 종이 울렸는데 자리에 앉아 있지 않았거나 수업 중에 딴짓하다 혼나는 광경은 일상적으로 쉽게 볼 수 있는데, 이때 선생님은 화낼 필요 없이 말로 지시하면 된다. 그런데도 '화를 내는' 행동을 선택하는 이유는 그것이 제일 쉽고 편하기 때문이다.

큰소리로 호통을 치면 누구나 움찔한다. 무섭다, 또 호통을 듣기 싫다, 그런 생각에 그 자리에서는 일단 입을 다문다. 입을 다물게 만들면 아무도 납득하지 못했더라도 일단 자신의 요구를 더 쉽게 들어주므로 호통은 편리하다.

하지만 '화를 낸다'라는 행위는 에너지를 소비한다. 화를 내고 나면 개운하고 상쾌한 기분이 들기보다는 '말이 지나쳤을지도 몰라.' 그렇게 반성하기도 하고, '그 녀석이 나를 화나게 했어.' 하고 화를 낸 이유를 찾으려고 하기도 한다. 어느 쪽이 되었든 기분 좋은 일은 아니다.

더불어 주변 사람들은 그 사람이 감정적이 되는 스위치가 어디에 있는지 알 수 없어서 '지뢰'처럼 여겨 거리를 두게 된다. "○○ 씨에게는 관여하고 싶지 않아." 소리를 듣게 되면 그만큼 자신의 인생 경험 기회를 잃게 된다.

그러니 감정적으로 화내는 행위는 되도록 피하는 편이 좋다. 비난을 받았을 때는 감정에 휘둘리지 말고, 심호흡으로 마음을 가다듬는 것이 좋다. 그리고 다음과 같이 생각해 보자.

✦ ① 인간관계를 정돈하는 기회로 여긴다

"됐어! 나도 그런 녀석은 사절이야!" 비난받은 당신은 그런 기분이 들 수도 있다. 하지만 조금 냉정하게 생각해 보라. 당신은 그 사람과 연을 끊고 싶은가?

만약 연을 끊고 다시는 관여하고 싶지 않다면, 그대로 조용히 휴대폰에 등록된 연락처와 SNS에서 상대방을 지우자. 아무 말 하지 않아도 괜찮다. 내색하거나 얼버무릴 필요 없이 조용히 그 자리를 뜨면 된다.

만약 절연할 정도는 아니라면, 비난받은 일을 가슴 속에 조용히 묻어 두자. 본인은 물론이고 다른 누구에게도 말하지 말고, 못 들은 셈 치고 기억의 서랍에 넣어 버린다. 그리고 가능하다면 두 번 다시 생각나지 않도록 깔끔하게 잊어 주자.

지금까지와 같은 인간관계를 유지할지 말지를 결정하는 사람은 상대가 아닌 당신이다.

◆ ② 들은 내용을 분석해 본다

자신에 대한 부정적인 의견을 직시하기란 정말 괴롭다. 하지만 어떤 내용이든 일단은 받아들이고 '정말 자신에게 잘못이 없었는지'를 생각해 본다.

'NLP'라는 새로운 심리학 분야가 있다. 일명 '뇌와 마음의 사용 설명서'라고 하는데, 미국에서는 오바마 전 대통령을 포함한 여러 대통령이, 일본에서는 야구 선수 이치로가 익힌 것으로 알려진 자기계발 심리학이다.

NLP에서는 기본적으로 **상대방의 반응은 자신의 커뮤니케이션에서 비롯된 성과다**'라고 생각한다. 상대방이 화낼 때는 자신이 '화를 내라'는 커뮤니케이션을, 상대방이 기뻐할 때는 자신이 '기뻐하라'는 커뮤니케이션을 취했기 때문이라는 뜻이다.

이 개념에 따르면 상대방이 비판한 것은 자신이 '비판하라'라는 커뮤니케이션을 취했기 때문이라는 의미가 된다. 내가 잘못한 게 전혀 없다고 생각해도 주변 사람들이 '그 녀석은 재수 없는 녀석이야.'라고 생각하게끔 만들었는지도 모른다.

이때 반성은 일단 뒤로 미뤄놓고 분석만 하자. 반성할 때는 아무래도 감정이 들어가게 되므로 객관적으로 사실만 보도록 한다.

다시는 똑같은 비난을 당하지 않고 싶다면, 다음에는 비난당할 만한 언행을 하지 않으면 된다. 자신이 나빠서라고 생각하지 않고, 자신의 의사소통이 잘못되었다고 생각하는 것이 요령이다.

✦ ③ 누구의 문제인지를 분명하게 한다

비난을 단순히 '누구의 문제인가?'라고 생각해 보면 어떨까? 예를 하나 들어 보자.

"A는 못생겼어!"

이러한 험담 같은 경우 A가 못생겼든 아니든 다른 사람에게는 전혀 문제가 되지 않는다. A의 외모 문제는 A만의 문제일 뿐 다른 사람이 관여할 일이 아니다. '내 외모는 당신과 상관없어.'라고 단언할 수 있으므로 이 예시는 'A만의 문제'다.

"B는 술버릇이 나빠. B랑 술을 마시면 거의 좋은 꼴을 못 본다니까. 얼마 전에도 아주 곤욕을 치렀어."

이 경우 술버릇이 나쁜 것은 B의 문제이지만, 그로 인해 피해를 입은 사람의 문제이기도 하다. '내 술버릇은 당신과 상관없어.'라고 단언할 수 없으므로 'B만의 문제'가 아닌 '함께 있던 사람의 문제'이기도 하다.

"C가 짜증 나."에 이르러서는 C의 행동을 짜증 난다고 느끼는 사람의 문제이지, C에게는 아무런 문제가 없다. 'C의 문제'가 아닌 '짜증 난다고 느끼는 사람의 문제'이다.

이처럼 비난의 내용을 '누구의 문제인가'라고 분석해 봄으로써 자신이 어떻게 해야 할지 알 수 있다.

자신만의 문제라면 무시한다. 상대방만의 문제여도 무시한다. 자신과 상대, 양쪽 모두의 문제인 듯싶을 때 자신의 행동에서 개선할 수 있는 점이 있다고 생각하면 된다.

DON'T MIND! 02
비난은 되돌려받게 되어 있다

"아니 그런데 그 녀석한테도 진짜 나쁜 점이 있잖아!"

비난당하면 이렇게 상대의 단점을 지적하며 되받고 싶어지는 법이지만, 그러면 안 된다.

"당신한테도 잘못된 점이 많아."

그 말을 들은 사람이 당신에게 동의할까? 보통은 억지나 허세와 같은 부정적인 반응이라고 생각하기 쉽다.

함께 험담하면 속이 시원해진 것만 같지만, 그것도 일시적일 뿐이다. 함께 험담한 상대가 다른 누군가에게 "쟤가 이런 말을 하더라." 하고 퍼뜨리기도 한다. 그러니 되받고 싶은 마음을 꾹 참고 입을 다물자.

비난받아도 절대로 해서는 안 될 다섯 가지

비난을 잘 되받으려면 어떻게 해야 할까?

'비난당하면 가만히 있을 수 없어! 어떻게든 되받아서 상대방이 입을 다물게 만들어 주고 싶어!' 이렇게 생각하는 사람도 많지 않을까? 예전에는 나도 그렇게 생각해서 실제로 되받은 적도 있다. 하지만 깨닫게 되었다. 비난을 되받는 것은 효과적인 방법이 아니었다.

<u>부적절한 비난에 대해서는 '무시하기'가 최강의 대처법</u>이다.

앞서 커뮤니케이션을 캐치볼에 비유했다. 우리는 상대에게 볼을 던지며 무의식적으로 상대가 받아 주기를 기대함과 동시에 상대가 자신에게도 볼을 던져 주기를 바란다.

예를 들어 "좋은 아침." 하고 인사의 볼을 던지면 상대가 그것을 받아 "좋은 아침." 하고 인사의 볼을 돌려줄 것이라 기대하기에 무시당하면 '인사 하나도 제대로 못 하는 녀석이다.', '무시당했다.' 싶어 기분이 나빠진다.

이는 인사뿐만 아니라 인간관계의 모든 커뮤니케이션에도 해당하며 비난 또한 예외가 아니다.

다시 말해 비난이라는 부정적인 볼을 던지면 상대도 똑같이 부

커뮤니케이션이라는 캐치볼에서 상처받는 말은 잘 피하자!

정적인 볼을 돌려주리라 예상한다. 본인 앞에서 "너는 진짜 나쁜 인간이야."라고 말하면 상대방이 "그렇네요, 죄송해요."라는 볼을 돌려주는 것이 아니라 "무슨 소리야. 네가 더 나빴잖아." 하고 공격적인 볼을 돌려주리라고 예상한다.

즉, 상대방은 비난한 시점에서 똑같이 부정적인 말이 돌아올 것에 대비하여 '그다음에는 이렇게 말해야지.', '이런 말로 꺾어 줘야지.' 하고 이미 다음, 그다음 수까지 준비 중인 경우가 많다.

비난하고, 되받고, 또 비난하고, 또 되받고….

가는 말이 곱지 않으니 오는 말도 곱지 않은 상황만 이어진다면 갈등이 원만하게 해결될까? "당신 험담을 해서 미안해요. 내가 잘못했어요." 하고 상대방이 순순히 사과할까? 설사 사과받는다고 한들 당신의 기분이 풀릴까?

비난받아서 화가 나는 것도 충분히 이해하지만, 꾹 참고 무시하는 기술을 익히도록 하자.

어떻게든 되받지 않고는 직성이 풀리지 않는다면 한 마디면 충분하다. "귀중한 의견 감사합니다." 예상 밖의 볼로 되받아 상대가 김빠지도록 하자.

 비난에 왜 되받고 싶어질까?

그런데 왜 사람은 비난을 똑같은 비난으로 되받을까?

우리 인간에게는 '상대가 어떠한 감정을 가지면 자신도 상대방에 대해 똑같은 감정이 생긴다'는 심리 메커니즘이 존재한다.

이를 심리학에서는 '보답 심리'라고 한다.

'보답 심리'에는 '호의의 보답'과 '악의의 보답'이 있다.

"A가 널 좋아하는 것 같아."

친구에게 그 말을 듣기 전까지는 전혀 관심도 없던 A가 갑자기 신경 쓰이게 되었다. 어쩌면 나도 A를 좋아할지도….

이는 '호의의 보답성'에 따라 상대가 자신에게 좋은 감정이 있으면 자신도 좋은 감정을 품게 되는 심리다.

반대라면 어떨까.

'A에게 미움받는지도 몰라.'

그런 생각이 들자 다소 A에 대한 마음이 불편해진 적이 없는가?

이처럼 상대가 자신에게 나쁜 감정이 있으면 자신도 나쁜 감정을 품게 되는 것은 '악의의 보답성'에 따른 심리다.

보답 심리가 작용하는 이유 중 하나는 자신을 지키는 '자기방어'다. 타인에게서 악의나 공격을 받으면 우리는 자신을 지키기 위해 '반격하는' 본능이 작용한다. 그 때문에 비난을 되받고 싶어지거나 공격하기도 한다.

비난을 받고 "그 녀석도 남 말할 처지가 아니잖아."라고 되받고 싶어지면 일단 심호흡을 하고 이렇게 생각하자.

'이건 악의의 보답성이 작용하고 있을 뿐이야. 비난을 비난으로 갚는 것은 좋지 않아.'

비난이라는 볼이 날아오면 받지 않아도 될뿐더러 굳이 상대에게 패스할 필요도 없다. 당신은 받을지 말지, 대응할지 무시할지만 선택하면 된다.

 직접 되받을 수 없을 때, SNS 저격 글은 괜찮을까?

'되받는 것은 좋지 않아, 그건 알겠어. 그렇지만 아무 말도 하지 않으면 직성이 풀리지 않으니 SNS에 써 주겠어!' 이런 마음이 들 수 있다.

하지만 그래선 안 된다. CHAPTER 1에서 이야기했듯이 SNS는 자기 집 현관과 같다. 누가 언제 볼지 모르니 상대가 볼 가능성도 충분히 있다.

그리고 험담은 부정적인 에너지 덩어리다. 인간의 뇌는 부정적인 정보에 강하게 반응하기 때문에 저격 글을 본 다른 사람들에게 불쾌감과 혐오감을 주게 된다.

게다가 가장 중요한 것은 SNS에 험담을 쓰면 다른 사람의 신뢰를 잃는다는 점이다.

누구나 'A를 헐뜯는 사람은 반드시 B에 대해서도 뒷말을 한다.'라고 생각하는 법이다. 당신에 대해서도 당연히 '다른 사람의 험담을 많이 하는 사람'이라고 생각할 것이다.

SNS에 저격 글을 쓰면 그 글을 본 사람을 불쾌하게 만들뿐더러 '이 사람은 다른 사람에 대한 험담을 함부로 SNS에 쓰는 사람이구나.' 싶어 신뢰를 잃는데, 그렇게 단 한 줄의 글로 품평을 당하기에는 내 인격이 아깝지 않은가?

설령 당신이 허락한 사람만 볼 수 있는 계정이거나, 전부 익명이어서 아무도 당신의 신원을 알 수 없다고 해도 마찬가지다.

그저 쓰고 싶을 뿐이라면 열쇠 달린 일기장에라도 주저리주저리 적으면 되는데 굳이 SNS에 쓰는 이유는 당신에게도 '누군가에게 말하고 싶다'는 욕구가 있기 때문이다.

그렇게 생각하면 험담한 사람과 자신이 별반 다르지 않다.

역시 험담은 어디에도 내보이지 않는 편이 현명하다.

DON'T MIND! 03

자신이 못났다고 우울해한다

"험담을 전해 들으면 그 말이 계속 머릿속을 맴돌아서 우울해져요…."

그런 사람이 많다. 이 세상에서 사라져 버리고 싶은 기분이 들거나 더는 누구도 믿을 수 없게 되는 등 아무것도 몰랐을 때로는 돌아갈 수 없을 정도로 기분이 우울해진다.

내가 초등학교에 다닐 때 교환 일기가 유행했다. 친구들끼리 한 권의 노트에 하잘것없는 글을 적어 서로 돌리는 것이다.

어느 날 내 책상 안에 낯선 노트가 들어 있었다. 노트 표지에는 'J와 S의 비밀 교환 일기'라는 제목이 적혀 있었다.

J와 S 모두 같은 반이어서 두 사람의 교환 일기인 것은 알았지만, 그것이 왜 내 책상에 있는지는 알 수 없었던 나는 노트를 펼쳤다.

그러자…. 무작위로 펼친 페이지 몇 군데에 놀랍게도 나의 이름이 적혀 있지 않은가. 나는 일순 심장이 멈출 것만 같아서 바로 노트를 덮었다. 찬찬히 읽지는 않았지만, 확실히 거기에는 내 험담이 적혀 있었다.

짜증 난다든가, 건방지다든가, 귀여운 척한다든가, 그런 말이었던 것 같다. 지금 생각하면 초등학생이 하는 험담이라고 해 봐야 뻔하다. 어른이 된 지금의 내게는 웃으며 할 이야기이기도 하다.

그런데도 거의 40년이 지난 지금까지도 그때의 일을 선명하게 기억하고 있다는 것은, 그만큼 당시의 내가 깊은 상처를 받았다는 의미다.

나는 정말 우울했다. J와 S 모두 평소에 사이좋게 지냈던 친구라 한 번도 나를 싫어한다고는 생각한 적이 없었다.

나는 혼자 몰래 울었다. 아무에게도 이야기하고 싶지 않아서 부모님에게도, 선생님에게도, 친구에게도 말하지 않았다. 정말 좋아하는 가수의 곡을 듣거나 책을 읽으며 마음을 달랬다. 그래도 기분이 풀리지 않아서 노트에 J와 S에 대한 마음을 끄적인 기억이 난다.

처음에는 'J와 S가 정말 싫어.' 하고 두 사람의 험담을 썼는데, 그런 말을 노트에 쓰기도 싫어져서 '이제 두 사람하고는 친하게 지내지 않을 거야.'라든가 'J와 S랑은 놀지 않을 거야.'라고 쓰다가 마지막에는 모든 것이 귀찮고 두 사람을 좋게 쓴 페이지마저 보기 싫어 갈기갈기 찢어 버렸다. 그 후 J와 S에게 내 책상에 노트가 들어 있었고, 나에 대해 쓴 좋지 않은 내용을 읽었다는 사실을 전하며 "내가 싫으면 이제 같이 안 놀아도 돼."라고 말했다.

지금 다시 생각해 보면 이 일련의 행동은 우울할 때 취하는 행동으로서 정말 잘한 일이었다.

무엇보다도 나는 울었다. 이는 '상처받은' 감정을 받아들이는 중요한 작업이다. 여기서 강한 척하며 눈물을 참거나 '못 본 것으로 하자'거나, '상처받지 않았다'고 자신을 속이고 회피하면 마음속에 응어리가 남게 된다.

다음으로 나는 음악 감상과 독서에 몰두했다. 이는 기분 전환도 될뿐더러 계속 같은 생각만 하는 것보다 훨씬 유익하게 시간을 사용하는 방법이다.

그리고 노트에 내 감정에 대해 적었다. 당시의 감정 상태를 기록하면서 마음을 정돈할 수 있었던 데다 마음속의 답답한 감정도 토해 낼 수 있어 카타르시스 효과(마음의 정화 작용)가 있었다. 그리고 마지막에 그 페이지를 갈기갈기 찢어 버리니 최고의 셀프 테라피가 되었다.

이러한 과정이 있었기에 J와 S에게 "내가 싫으면 이제 같이 안 놀아도 돼." 하고 자신의 속마음을 전할 수 있었다.

그럼 그 후에 내가 J와 S와 절교했는가 하면 그렇지 않았다. 이전처럼 같이 놀거나 편지를 주고받는 일은 없어졌지만, 반 친구로서 잘 어울렸다고는 생각한다. 외로움도, 후회도 없다.

이 경험을 통해 '무리하지 않는 법'를 배웠다.

자신이 원하지 않는 인간관계는 무리해서 계속 이어 가지 않아도 된다.

물론 J와 S에게 "내가 잘못한 게 있으면 고칠 테니 앞으로도 친구로 지내 줘."라고 했어도 된다. 필요한 것은 행동과 결과가 아닌 그 결과에 이르는 과정이다.

✦ 우울할 때의 3단계 대처법

1. 감정을 받아들인다. 울어도 좋고 화를 내도 된다. 감정을 속이지 않는 것이 중요하다.
2. 취미에 몰두한다. 좋아하는 일에 몰두하여 기분 전환을 한다.
3. 감정을 표현한다. 종이에 쓰기, 누군가에게 말하기, 그림 그리기, 악기 연주하기 등을 통해 감정을 밖으로 내보낸다.

우리는 한가해지면 오히려 깊이 있는 생각보다 멍하니 시간을 보내게 된다. 이처럼 지루한 상태에서는 뇌는 부정적인 사고에 빠지기 쉬워진다.

부정적인 생각이 들면 의식적으로 새로운 자극을 끌어들이자. 새로운 책이나 만화를 즐기거나 새로 개봉한 영화를 보는 것도 좋다. 그리고 밤에는 부정적인 사고가 늘어나는 경향이 있으므로 되도록 일찍 자도록 하면 멘털을 더욱 빠르게 회복할 수 있다.

DON'T MIND! 04

현실에서 도망친다

힘든 일이 있으면 그 일에서 도망치고 싶어진다. 떠올리기 괴로워서 술이나 수면제를 먹기도 하고, 혼자 있고 싶지 않아서 좋아하지도 않는 이성과 함께 지내기도 한다.

이러한 회피 행위는 '현실 도피'라고 불리며, 때로는 살아가는 데 필요한 방어 기제가 된다. 하지만 도를 넘은 현실 도피는 결과적으로 자신을 더욱 괴롭히고 궁지로 몰아갈 뿐이므로 바람직하지 않다.

아무도 험담하는 사람의 행동을 멈출 수는 없다. 집에 틀어박혀 밖으로 한 발짝도 나오지 않고 인터넷도 일절 사용하지 않으며 그 누구와도 관계를 맺지 않고 살아가는 것 외에는 비난받지 않을 방법이 없다. 어떻게 하면 현실 도피를 하지 않아도 될지 그 방법을 찾는 것이 중요하다. 대표적인 현실 도피와 그 대처법을 알아보자.

✦ 흔한 도피 방법 ①
괴로운 일이 있으면 홧김에 술을 마시거나 폭식한다

괴로운 일이 있을 때 평소보다 훨씬 많은 양의 술을 마시거나 케이크만 계속 퍼먹는 등 홧술, 폭식을 경험한 적이 있지 않은가?

사실 이러한 행동은 몸이 스트레스를 느낄 때 인간이 본능적으로 마음의 균형을 맞추려고 하는 일이다.

우리 몸에는 '교감 신경'과 '부교감 신경'이라는 두 가지 자율신경이 있다. 사람들 앞에서 말할 때 긴장하거나, 어떤 것에 집중하거나, 스포츠로 인해 흥분 상태가 되면 먼저 작용하는 것이 교감 신경이다. 한편 부교감 신경은 음식을 먹거나 목욕하며 긴장을 풀었을 때 먼저 작용한다. 평소에는 두 신경의 균형이 유지되지만, 강한 스트레스가 가해지면 균형이 무너지면서 교감 신경이 우위가 되며 부교감 신경의 기능이 저하된다.

스트레스를 느낀다는 말은 정도의 차이는 있어도 생명의 위험을 느낀다는 뜻이므로 과장해서 말하면 죽느냐 사느냐의 갈림길에 선 상태와 같다.

몸은 교감 신경이 우위가 되면 균형을 되찾으려고 한다. 음식을 먹거나 마시면 부교감 신경이 활발해지므로 우리는 무의식적으로 균형을 유지하도록 조정한다.

따라서 술을 퍼붓거나 폭식하는 것도 과하지 않으면 문제없다. 하지만 너무 지나치면 건강을 해친다.

우선 술은 중추 신경에 영향을 주며 마음의 고통과 불안을 완화하는 효과가 있어 괴로운 현실을 잠시 잊을 수 있다. 단, 그 효과는 오래 지속되지 않는다. 시간이 지나면 다시금 괴로운 마음이 고스란히 되살아난다. 그것을 또 잊고 싶어서 술 마시기를 반복하면 알코올에 의존하게 된다.

폭식이라면 문제없을 듯싶겠지만, 이 역시 일상화되면 섭식 장애를 일으킬 수 있다. 무엇보다 혼자서 폭음하거나 폭식하지 않는 것이 중요하다. 누군가와 함께 이야기라도 하면서 술을 마시거나 식사를 하자.

✦ 흔한 도피 방법 ②
현실에서 벗어나고 싶어서 자해를 한다

리스트컷 증후군Wrist-cut syndrome은 자해 행위 중 하나다. 자신의 몸, 주로 손목을 칼로 베는 행위를 말한다. 손목은 흉터가 눈에 띄어서 반소매 옷으로 가려지는 팔 위쪽이나 다리, 복부 등에 상처를 내기도 한다.

상상대로 몸에 상처를 내는 리스트컷은 무척이나 아프다. 고통에서 쾌감을 느끼려고 하는 행위는 결코 아니다. 갈 곳을 잃고 어찌할 바 모르는 마음을 리스트컷으로 달랠 뿐이다.

우리 인간에게는 감정이 있다. 어떤 일에 대해서 '슬프다', '괴롭다'와 같은 감정이 일어 눈물을 흘리거나 푸념을 늘어놓으며 그때그때 대처하며 살아간다.

하지만 리스트컷을 하는 사람은 감정 대처가 서툴다. 어릴 때부터 자신의 감정을 억제하고 자란 경우가 많아 감정을 표출하는 방법을 모른다. 감정이 북받쳐 오를 때 어떻게 대처해야 할지 몰라, 리스트컷이라는 신체적인 통증을 통해 마음의 고통을 덜어 보려 한다.

울고 싶을 정도로 괴로운데 계속 참다 보면, 어느새 뇌가 '울고 싶을 정도로 괴롭다'는 마음에 둔감해진다. 하지만 내면에 울고 싶을 정도로 괴로운 마음이 사라진 것은 아니어서 인지 부조화가 생긴다. 이를 리스트컷으로 속이는 셈이다.

만약 당신이 리스트컷을 하고 있다면, 진심으로 그만두기를 바란다. '내가 내 몸에 상처 내겠다는데 뭐가 문제야?' 싶을 수도 있지만, 리스트컷은 상처에 상처를 덧입히는 행위이기 때문에 바람직하지 않다.

마음의 고통을 몸이 대신 느끼며 괴로운 감정을 잠시 누그러뜨릴지도 모른다. 그렇지만 마음의 문제가 해결되지는 않기 때문에 내면에는 여전히 괴로움이 남는다. 리스트컷은 마음의 괴로움이 한순간에 사라지는 마법이 아니다.

리스트컷을 하고 싶은 충동에 사로잡히면, 우선은 '인지 부조화가 생기고 있구나.' 하고 자신의 상태를 알아차려 주자. 당신의 마음을 정작 당신이 인정해 주지 않으면 안쓰럽지 않은가. **당신의 마음도, 몸도 오로지 당신만의 것이다.** 적어도 당신만큼은 아껴 주길 바란다.

✦ 흔한 도피 방법 ③
혼자 있고 싶지 않아서 좋아하지도 않는 이성과 지내려고 한다

누군가가 상냥하게 대해 주거나 신경 써 주면 마음이 진정되는 경우가 많다. 혼자 있고 싶지 않을 때 함께 지내 줄 친구가 있는 것은 정말 중요하지만, 이성과의 성적인 행위가 전제되면 위험 신호가 켜진 셈이다. 이러한 일이 반복되면 무의식중에 '자신은 몸 말고는 가치가 없다'라고 생각하게 되기 때문이다.

이성과 만나는 동안에는 성적인 행위로써 자신의 가치를 확인하면서 마음이 채워지는 것만 같다고 느낀다. 하지만 그것도 일시

적이다. '채워진 기분이 들었을' 뿐이어서 금세 다시 비워진다. 그것을 채우려고 또 이성과 관계를 갖게 된다…. 이렇게 반복하다 습관이 되는 것을 자기 파괴 행위라고 하는데, 이는 스스로 자신의 마음을 부수는 행위다.

이때의 마음을 양동이에 비유하자면 바닥에 구멍이 뚫린 양동이라고 할 수 있다. 물을 아무리 부어도 양동이 바닥에 구멍이 뚫려 있어서 양동이는 영원히 채워지지 않는다. 그런데도 물을 계속 붓기에는 너무 허무하지 않은가.

상처받고, 고통받고, 혼자 있기 괴로울 때는 진솔한 이야기를 나눌 수 있는 상대와 함께 보내자. 당신의 '몸'이 없어도 상대방이 이야기를 들어 주고, 공감해 주고, 달래 주면, 당신의 마음에 뚫린 구멍이 조금씩 메워진다. '몸'이 없어도 당신은 충분히 가치 있는 사람임을 절대 잊지 않도록 한다.

DON'T MIND! 05

부정의 늪에 빠진다

긍정을 풍경에 비유하자면 맑게 갠 하늘, 형형색색의 꽃들이 만발한 정원이다. 푸른 하늘 아래 많은 사람이 정원을 방문한다. 함께 사진을 찍거나 벤치에 앉아 휴식을 취하거나…. 곳곳에 웃는 얼굴로 가득하다.

한편, 부정은 어둑한 산속에 자리 잡은 황폐해진 늪지다. 쓰레기를 불법 투기하거나 시체를 유기하는 등 범죄 관련 행위에 안성맞춤인 장소다. 정체를 알 수 없는 생물이나 독사 따위와 마주칠 위험성도 높을 것 같다. 생명의 위협을 느끼며 한시라도 빨리 떠나고 싶은 장소에서 웃는 사람은 아무도 없는 법이다.

즉, 부정의 소용돌이에 휘말린 당신은 지금 산속의 황폐한 늪지에 있는 셈이다. 홀로 있기에는 쓸쓸한 장소다. 조금이라도 빨리 그곳에서 벗어나자.

그럼 당신은 대체 어떻게 그곳에서 벗어나겠는가?

"누군가 도와주지 않을까?"
"벗어나고 싶지만, 움직일 수가 없을 것 같아."

이런 태평한 말을 할 때일까. 우물쭈물하는 사이에 조금씩 깊이 빠져들어 벗어나기 힘들어진다. 우연히 지나가는 사람이 있어도 "살려 주세요." 하고 큰 목소리로 알리지 않으면 알아채지 못한다. 설령 "위에서 잡아당겨 줄게."라며 손을 내밀어 주는 사람이 나타났다고 해도 손을 잡은 순간 "큰돈을 주지 않으면 이 손을 놓겠어."라고 말할 수도 있다.

잔인한 말 같지만 다른 사람은 믿을 수 없다. 자신의 힘으로 벗어나야 한다.

이처럼 말은 쉬워도 행동하기란 어려운 법이다. 여기서 늪에서 벗어나기 위한 세 가지 '않는다'를 알아보자.

빠진 구멍에서 스스로 벗어나야 한다.

① '왜?'를 생각하지 않는다

인간관계에서 괴로운 일이 생기면 '왜 이렇게 되었을까?', '왜 그 사람은 그런 말을 했을까?', '왜 나는 이렇게 해버렸을까?' 이런 식으로 '왜'만 생각한다. 하지만 그러면 시간과 마음만 낭비할 뿐이다. 여기에는 두 가지 이유가 있다.

우선 첫 번째로 **아무리 생각해도 절대로 상대의 기분을 알 수 없기** 때문이다.

'왜 그 사람은 그런 말을 했을까?'라고 생각한들 당신은 '그 사람'이 아니니 '그 사람'의 기분을 추측할 수밖에 없다.

상대방이 한 말의 진의는 당신이 생각한 대로일 수도 있고 그렇지 않을 수도 있다. 상대방에게 직접 "어떻게 생각했어?"라고 물어도 반드시 정답을 알려 준다는 보장은 없다. 아무리 생각해도 알 수 없는 것은 깔끔하게 생각하기를 포기하자.

두 번째 이유는 아무리 원해도 **절대 과거로는 돌아갈 수 없기** 때문이다.

'왜 이렇게 되었을까?'

그렇게 생각해 봤자 과거로 돌아가서 다시 시작할 수는 없다. 이미 일어난 일은 바꿀 수 없기 때문이다.

'그때 그렇게 했으면.' 하고 과거를 후회해도 아무것도 달라지지 않는다. 그렇다면 과거를 반성하고 '다음에는 이렇게 하자.' 하고 미래에 활용할 방법을 생각하는 편이 현명하다.

과거는 절대 바꿀 수 없다고 단언했지만, 사실 과거를 바꿀 수 있는 비법이 딱 하나 있다.

바로 '현재의 행동을 바꾸는' 것이다.

과거의 경험을 받아들이고 배우면, 자신이 성장했을 때 과거의 의미가 완전히 달라진다.

예를 들어, 무심코 친구의 비밀을 폭로해 버려서 친구로부터 신용을 잃었다고 하자. 비밀을 폭로했다는 과거의 사실은 변하지 않지만, 깊이 반성하고 절대 비밀을 폭로하지 않는 입이 무거운 사람이 된다면, 당신은 과거 덕분에 성장한 셈이다.
즉, **과거의 경험에서 배우면 미래에 영향을 줄 수 있다**는 생각이다.
과거를 후회한다면 조금이라도 좋으니 그로부터 배움을 얻자.

✦ ② 과거에 얽매이지 않는다
"과거에 그런 일이 있어서 저는 이제 못 해요…."
상담하다 보면 이렇게 말하는 사람들이 아주 많은데 나는 그렇게 생각하지 않는다.

과거는 과거로서 일단 내려놓으면 된다. 앞으로의 미래는 원하는 대로 만들 수 있으니 과거에 사로잡힐 필요는 없다.
'하지만….'
그런 생각이 든 당신, 화내지 말고 조금 생각해 보라.

어쩌면 당신은 '과거에 사로잡혀 있고 싶을 뿐'이 아닐까?
'과거에 그런 일이 있어서 저는 이제 못 해요….'
이러한 사고를 **'원인론형 사고'**라고 한다.

과거의 사건이 지금 자신의 행동을 제한하거나 영향을 주고 있다는 뜻이다.
예를 들어볼까.
'배가 아프니까 학교를 쉰다.'
배가 아프다는 원인에 의해 학교를 쉰다는 결과가 만들어졌다. 건강하면 학교에 가겠지만, 배가 아픈 탓에 학교에 갈 수 없다는 식으로도 말할 수 있다. 병원에 가면 어제 한 식사 내용과 최근 몸 상태 등을 바탕으로 배가 아픈 원인을 추측하고 치료를 시작한다. 하지만 병원에 다녀오고 약을 먹어도 복통이 낫지 않을 수 있다. 그런데 학교를 쉬면 몸 상태가 원래대로 돌아오기도 한다.

이때 어떤 한 가지 의문이 떠오른다.
'사실은 학교를 쉬고 싶어서 배가 아프다고 했나?'
즉, 학교에 가지 않기 위한 수단으로 '배가 아프다'는 상황을 스스로 선택한 것이다.
똑같은 일을 당신의 경험에 대입할 수는 없을까?

"과거에 그런 일이 있어서 저는 이제 못 해요….."

과거가 원인이 되어 지금의 나는 못 한다고 생각한다. 하지만 실은 그렇지 않으며 자신이 못 하는 채로 있고 싶어서(목적) 과거를 이유로 삼고 있지는 않을까?

처음부터 "화내지 말고 생각해 보라."라고 말한 것은 '과거를 이유로 지금의 자신을 정당화하고 있다.'라고 하면 누구나 화를 내거나 부정하고 싶어지기 때문이다.

하지만 이 책을 펼친 당신은 분명 자신을 바꾸고 싶을 것이다.

그러니 일부러 직설적으로 말하겠다.

당신이 지금 과거에 사로잡혀 있는 이유는 그대로 있는 편이 편하기 때문이 아닐까?

사교적이었던 대학생 D 씨는 비난을 당한 뒤 어두운 성격이 되었다고 고민했다. 하지만 D 씨는 비난으로 인해 어두운 성격이 된 것이 아니다. 누군가에게 비난받는 일이 없도록 자신의 성격을 내성적으로 만든 것이다.

D 씨와 몇 번 대화를 나누며 조금씩 마음을 풀자 '자신이 비난에도 아무렇지도 않게끔 달라지고 싶다'라며 미래를 바라보게 되었다. 지금은 멘탈을 강화하여 웬만한 일로는 침울해지지 않는 성격

이 되었다며 웃는 얼굴로 대학에 다니고 있다.

성격은 스스로 정할 수 있다. 덧붙여 말하자면, **당신의 지금 성격은 당신이 정한 것**이다.

✦ ③ 바깥세상을 무서워하지 않는다

부정을 산속의 황폐한 늪지라고 비유했는데, 그곳에서 나올 수 없는 이유는 미지의 장소인 바깥세상이 무섭기 때문이라고도 할 수 있다.

늪지대에서 빠져나온다고 해도 어쩌면 거대한 곰이 있어 잡아먹힐지도 모른다. 숲을 달리는 동안 나무 위에서 독사가 덮쳐 와 물릴지도 모른다. 드디어 발견한 사람이 사실은 괴한일지도 모른다….

'우물 안 개구리'라는 속담이 있다. 이는 자신의 좁은 식견과 경험에 사로잡혀 다른 넓은 세상도 존재함을 모르는 사람을 비유적으로 표현한 말이다.

당신은 황폐해진 늪지에 있고 싶지는 않지만, 밖으로 나가기는 무서워서 '여기에 머무른다'라는 선택을 했는지도 모른다.

인간은 본능적으로 미지의 것을 무서워하며, 이는 자연스러운 일이다.

인간의 뇌에는 파충류의 뇌, 포유류의 뇌, 인간의 뇌라는 세 가지 분야가 존재한다고 한다.
'파충류의 뇌'는 살기 위한 기본적인 본능을 담당한다. 호흡과 체온을 조절하고, 먹고 자는 생명 유지 활동과 위험을 느끼면 도망치는 방어 본능 등에도 관여한다.
'포유류의 뇌'는 호불호, 안심과 공포 등 기본적인 감정을 담당한다. 단체 생활을 위해 동료와 협력하거나 아기 등 약한 존재에 대한 애정을 가지는 것도 포유류의 뇌가 작용하기 때문이다.
'인간의 뇌'는 논리적인 사고를 통제한다. 목적을 가지고 행동하거나 미래를 예측하여 전략을 짜는 기능을 갖추었다.

이 세 가지 뇌가 사고에 미치는 영향력을 따져 보면, 파충류의 뇌가 가장 강하고, 인간의 뇌가 가장 약하다고 알려져 있다. 그리고 인간의 뇌가 '좋았어, 해 보자.'라고 결의하기 몇 초 전에 이미 파충류의 뇌가 행동을 결정한다는 연구 결과도 있다. 파충류의 뇌는 그만큼 인간의 본능에 깊이 관여한다.

그런 파충류 뇌의 최대 목적은 '살아남는 것'이어서 새롭거나 모르는 것을 정말 싫어한다. 새로운 것이나 미지의 상황은 그것이 위험한지 안전한지 알 수 없으니 당연하다.

떠올려 보라.

학교에 다니면서 누구나 새 학기가 시작되면 반이 바뀌는 경험을 해 보았을 것이다. 새로운 교실, 새로운 선생님, 새로운 친구….
새로운 환경에 조금 불안한 마음이 들지 않았는가?

얼마 전 트위터 명칭이 갑자기 'X(엑스)'로 변경되었다. 그저 명칭만 바뀌었을 뿐이지 기존 유저들은 대부분 이전 그대로 사용할 수 있음에도 불구하고 많은 사람이 반발하며 변경된 아이콘에 거부감을 나타냈다. 이 또한 새로운 것을 싫어하는 뇌의 영향을 받았기 때문이다.

인간은 매일의 규칙적인 일상과 익숙한 상황에 안정감을 느낀다. 그래서 자신이 처한 환경, 교우 관계, 자신의 사고방식조차 바꾸기가 어렵다. 살아가는 데 필요한 이 본능이 '나만 참으면….', '내일은 조금 더 나아질지도 몰라….', '괜히 행동해서 상황이 더 나빠질 바에야 아무것도 하지 않고 지금의 상황을 유지하는 편이 그래도 낫다….'라는 사고를 하게 만든다.

그래도 잘 생각해 보라. **그 자리에 머무른다면 선택지가 단 하나밖에 없지만, 밖에 나가면 무한한 선택지가 존재한다.**

당신은 자신이 처한 환경도, 교우 관계도, 자신의 성격조차도 자신의 의사 결정에 따라 마음대로 바꿀 수 있음을 잊지 마라.

Column 2

누구도 나의 마음에
상처 입힐 수 없어!

'다이아몬드 멘털'

이는 '강철 멘털, 롤랜드 님을 정말 존경해요! (2018.12.31.)'라는 SNS 게시글에 롤랜드 씨가 답한 말이다.

18세에 호스트로 데뷔하여 21세에 당시 소속되어 있던 가게의 대표 이사에 취임한 롤랜드 씨. 현재는 미용 관련 사업과 의류 브랜드 등을 전개하는 사업가로서 활약 중이다.

롤랜드 씨가 내뱉는 말은 전부 '명언'이 되는데, 그중에서도 특히 개인적으로 훌륭하다고 생각한 말이 이 '다이아몬드 멘털'이다.

'강철 멘탈'이라는 말을 들은 롤랜드 씨는 굳이 '다이아몬드'라고 바꾸어 말했다.

롤랜드 씨의 답은 짧지만 실은 매우 심오하다.

먼저 다이아몬드는 지구상에 존재하는 천연 물질 중 가장 단단한 소재다.

이 게시글을 올린 사람은 롤랜드 씨의 강한 멘탈을 강철에 비유했는데, 롤랜드 씨는 강철보다 더 딱딱한 다이아몬드를 들며 '나는 네가 생각하는 것보다 멘탈이 훨씬 강하다. 내 멘탈에 상처를 입힐 수 있는 사람은 지구상에 단 한 사람도 없다.'라고 말한 것이다.

한편, 다이아몬드는 그보다 훨씬 무른 소재인 철에 흠집을 낼 수 없다.

다이아몬드로 철에 흠집을 내려고 하면 어떻게 될까…?

다이아몬드가 심각하게 손상된다고 한다. 다이아몬드가 지구상에서 가장 단단한 소재여서 무엇이든 깎을 수 있을 것만 같지만, 사실은 그렇지 않다.

즉, 롤랜드 씨는 이렇게 말한 것이다.

'내 멘털은 누구도 상처 입힐 수 없지만, 난 누구도 상처 입힐 생각이 없다. 만약 내가 누군가에게 상처를 주려 한다면, 오히려 내가 더 너덜너덜해질 테니까.'

모두 잘 알다시피 다이아몬드는 매우 비싼 보석 중 하나이기도 하다. 원석은 울퉁불퉁하고 아무 데나 널린 돌과 같은 모습이지만, 연마하면 더욱 빛을 발하면서 그 가치도 높아진다.

'나라는 존재는 매우 가치 있는 것이다. 연마할수록 아름다워지며 빛을 비추면 더욱 빛난다.' 롤랜드 씨는 멘털을 다이아몬드에 비유함으로써 스스로 자존감을 높인다.

누구에게도 상처받지 않는 강인함을 갖추었으면서도 누군가를 상처 입히는 예리함은 없으며 누군가에게 상처를 주려고 하면 오히려 자신이 피폐해진다.

그런 자신은 매우 가치 있으며 갈고 닦을수록 아름답게 빛난다. 다이아몬드라는 단 한 마디에 이 많은 의미를 담은 롤랜드 씨는 역시 대단하다.

진정한 강함이란, '자신은 강하다'라고 생각하는 것이 아닐지도 모른다. 그리고 강인한 멘털이란, 타인과 자신을 배려하는 마음 모두 가지고 있어야 한다고 가르쳐 주는 이 사고를 꼭 참고했으면 한다.

CHAPTER 3

비난을 에너지로 변환한다!

DON'T MIND! 01

네 가지 유형의 에너지

'비난을 들어도 신경 쓰지 않는다.'

지금까지 질리도록 한 말인데, 그래도 신경이 쓰인다면 '내 성격이니까 어쩔 수 없다.' 하고 체념하는 수밖에 없다.

하지만 평생 '남의 비난을 일일이 신경 쓰는' 자신과 지내야 한다면 차라리 비난을 이용해 보면 어떨까.

칭찬이 사람을 성장하게 한다며 '칭찬 성장'을 부르짖은 하라 구니오(칭찬으로 사람을 성장시키는 'HO-ME-I-KU' 재단의 설립자이자 작가) 씨에게 "비난받으면 우울해지지 않나요?"라고 물었더니 "비난을 이용하면 돼."라고 답해서 무릎을 탁 치고 말았다. 그리고 그 말을 힌트로 삼아 비난을 에너지로 바꾸는 방법을 생각해 냈다.

바로 우리를 자동차로, 비난을 연료로 간주하는 방법이다. 각각의 자동차에는 적절한 연료가 정해져 있다. 자동차 연료에는 다음과 같은 네 종류가 있다.

일반 휘발유: 일반적인 차량에 사용할 수 있는 연료. 일반 휘발유 차량에 고급 휘발유를 넣어도 전혀 문제없다.

고급 휘발유: 고급 차량에 많이 사용되는 연료. 일반 휘발유보다 단가가 비싸다. 고급 휘발유 전용 차량에 일반 휘발유를 넣는다고 바로 고장이 나지는 않지만 엔진 파워가 떨어지거나 엔진이 고장 날 수도 있다.

경유: 넣을 수 있는 차량이 정해져 있다. 엔진의 구조가 다르므로 경유 차량 외에는 넣을 수 없다.

가짜 휘발유: 연료의 양을 늘릴 목적으로 일반 휘발유에 등유 등을 아주 조금 섞은 질 낮은 휘발유.

이 네 가지 에너지에 비난을 대입했다. 비난받으면 그 비난이 대체 어떤 유형인지 생각해 보자. 유형별 대처법에 따르면 놀라울 정도로 냉정하게 받아들일 수 있게 될 것이다.

✦ ① 일반 휘발유형: 일명 '멸시형'

거만한 태도 ★★★ 자존감 ★★★ 참고할 가치 ★☆☆

비난은 연료다.

주특기: 비난이 아닌 듯 훌륭한 위장술.
슬로건: '로마에 가면 로마법을 따르라.', '세상이 그렇게 호락호락하지 않다.', '모두와 함께하는 것이 좋다.'

일반 휘발유형은 일상에서 가장 많이 들을 수 있는 일반적인 비난이다. 제멋대로 자신과 같거나 낮은 수준이라고 생각하는 상대에게 하는 비난으로, 시야가 좁아서 자신의 잣대로밖에 타인을 평가할 수 없을 때 튀어나온다.

이런 유형의 비난을 하는 사람은 당신이 자신보다 높은 자리로

가는 것을 분해서 견딜 수 없다. 항상 당신보다 높은 자리에 있고 싶고, 떨어질 때는 함께 떨어지고 싶다, 올라갈 때는 나만 올라가고 싶다, 그런 자기중심적인 생각을 하기에 당신만 혼자 올라갈까 두려워서 비난을 하고 만다. 항상 누군가와 자신을 비교하면서 자신보다 아래인 사람들을 보고 안심하는 유형이다. 재능이나 개성이 특별히 뛰어나지 않아서 막연한 불안과 초조함을 느끼고 있다.

베스트셀러 작가인 다치바나 아키라 씨는 저서 『바보와 무지バカと無知』에서 이렇게 말한다.

'바보는 자신의 능력을 높게 잡는다.'

공부 능력이나 말재주 등 여러 가지 면에서 자신과 주변 사람을 비교할 때 많은 사람이 '자신이 주변 사람들보다 뛰어나다.'라고 과대평가한다고 한다. 표면상으로는 "저는 아직 멀었어요.", "저는 할 줄 몰라요."라고 겸손을 떨면서도 마음속 어딘가에서 '주변 사람보다는 잘한다'라고 몰래 생각하는 것이다. 이처럼 자신을 과대평가하는 것은 동물의 습성과 같아서 나쁘지만은 않다. 열등감이 너무 강한 것보다는 과대평가하는 편이 행복하다고도 할 수 있다.
문제는 이 습성이 더 강하게 나오는 경우다.

- 자신에게 능력이 없는 사실은 나 몰라라 하고 '나 이외는 모두 바보다.' 하고 자신 이외의 사람을 깔본다.
- 자신에게 불리한 일이 생겨도 그것을 타파할 의지가 없어서 '현재의 교육이 문제다, 정치가 나쁘다.'라고 하며 세상으로 화살을 돌리고 비판한다.

다치바나 씨는 책을 통해 이러한 사고를 통쾌할 정도로 거침 없이 비판한다. 바로 이렇게 말이다.

'바보의 문제는 자신이 바보라는 사실을 깨닫지 못하는 점이다. 왜냐하면, 바보니까.'

그리고 재미있는 점은 이것이 다치바나 씨의 독자적인 지론이 아닌 이미 심리학자들이 정식으로 연구한 결과 **'더닝 크루거 효과'**라고 명명한 것이라는 점이다.

더닝 크루거 효과에 따르면 '뇌는 자신보다 못한 사람을 보면 보상받은 것처럼 느낀다'고 한다.

반대로 자신보다 뛰어난 사람에 대해서는 '손해를 본 것처럼 느낀다'라나.

"그런 일을 하니까 안 되는 거야."

"더 잘했어야지."

이러한 자신의 우위를 과시하는 발언은 '자신은 능력 있다'라고 믿고 있기에 나오는 말이다. 그들의 뇌 속은 보상으로 가득 차 있다.

그들은 스스로 '자신은 능력 있다'라고 과대평가하고 있으므로 다른 지식을 배우거나 새로운 경험을 하려고 들지 않는다. 성장하지 않으니 항상 같은 곳에 머물러 있으면서 누군가가 성장했다고 느끼면 초조하고 분해서 비난을 하며 마음을 가라앉힌다.

자신은 항상 옳다고 생각해서 다른 의견을 순순히 듣지 못하지만, 실제로는 지식의 양도 경험 수준도 평균이나 그 이하다. 그렇기에 '네가 할 말은 아니지.' 같은 부메랑이 돌아오기 쉬운 유형이기도 하다.

일반 휘발유형의 비난은 "젠장! 남 말할 입장이냐! 꼭 다시 보게 만들어 주겠어." 하고 에너지로 변환하자.

✦ ② 고급 휘발유형: 일명 '조언형'

거만한 태도 ★★★ 자존감 ★★☆ 참고할 가치 ★★★

주특기: 요구하지도 않은 조언을 한다.

슬로건: '당신을 위해서 하는 말인데.'

네 가지 유형 중에서는 가장 제대로 된 비난이다. 듣게 될 빈도는 가장 낮으며, 말투만 바꿔 준다면 내용은 순순히 들어 줄 만하다.

이런 유형의 비난을 하는 사람은 자신이 하는 일에 어느 정도 자신감이 있다. 상승 지향형이 많은 것도 특징이며, 자기 자신도 목표로 향해 돌진하면서 달성하기 위해 여러모로 노력한다. 그렇기에 "이렇게 하면 좋을 텐데.", "그러니까 안 되는 거야."라는 요구하지도 않은 조언을 하고는 한다. 좋게 말하면 의지가 되며 후배를 잘 챙기는 선배 유형이다.

이왕이면 직접 조언해 주면 좋겠지만, 사실 자기 평가가 그렇게 높지 않아 '얼굴에 대고 큰소리칠 입장도 아니고….' 하고 일단은 자각하고 있다 보니 겸허함이 나쁜 방향으로 작용하여 비난하게 된다.

<u>'"당신을 위해서."라고 말하는 사람에게는 "자신을 위해서 살아 주세요."라고 대답합시다.'</u>

가노 교코 씨의 일력 『행복한 일력 31가지 필로소피 <u>幸せの日めくり31のフィロソフィ</u>』에 나오는 말이다.

"당신을 위해서."

타인인 나를 그리 생각해 준다니 고마운 일이긴 하지만,

"내 방식을 순순히 따랐으면 좋았을 텐데, 그렇게 안 하니까 안 되는 거야."

"그 방법보다는 이게 훨씬 나은데, 왜 그러지 않는 거야?"

"너를 위해서 하는 말인데, 그렇게 해서는 성공할 수 없어."

이런 말 또한 진절머리가 나는 것은 매한가지다.

"무슨 말을 하고 싶은지는 알겠어. 그런데 그걸 왜 그렇게 잘난 체하면서 말하는데?"

이렇게 한마디 하고 싶어진다면 그 비난이 바로 고급 휘발유형이다.

정신과 의사이자 베스트셀러 작가인 가바사와 시온 선생님은 자신의 유튜브에서 비난에 대해 다음과 같이 말했다.

"비난받으면 먼저 복기해 보자."

이는 비난받으면 기분이 좋지 않지만, 비난하는 사람에게도 나름 이유가 있을지도 모른다고 긍정적으로 받아들이는 자세다.

비난받아도 일절 신경 쓰지 않고 타격도 받지 않는 사람이 있다. 나는 그런 사람이 부럽게 느껴지지만, 관점을 바꾸면 '자신의 나쁜 점을 깨닫는 계기를 잃고 있다'라고도 할 수 있다.

예를 들어,

"그 녀석이 쓰는 글에는 구두점도 하나 없고, 자꾸만 어려운 말을 쓰려고 해서 결국 무슨 말을 하고 싶은지 이해가 안 돼."

그런 말을 들었다고 하자. 그 말을 들은 당신은 충격을 받겠지만, 다음과 같이 피드백 할 수 있다.

'그렇구나, 내가 쓴 문장에는 구두점이 없어 읽기 어렵고, 어려운 단어가 많은 탓에 하고 싶은 말이 전달되지 않는구나.'

그리고 다음부터는 의식해서 구두점을 넣고 이해하기 쉬운 단어를 선택하는 등 상대가 읽기 쉽도록 생각하며 쓴다면 당신의 문장 실력은 향상될 것이다. 그 결과 "결국 무슨 말을 하고 싶은지 이해가 안 돼."라는 말은 비난이 아닌 '자신의 개선점을 깨닫는 계기'라는 긍정적인 것으로 바뀐다.

상대방의 말투를 바꿀 수는 없지만, 자신이 받아들이는 방식은 바꿀 수 있다. '그 사람의 말투는 기분 나쁘지만, 하는 말은 일리가 있어.'라고 깨달으면 행운이다. 비난에서 자신의 문제점을 발견하여 개선할 수 있다면 비난받는 일따위에 전혀 신경 쓰이지 않게 된다.

✦ ③ 경유형: 일명 '소문형'

거만한 태도 ★★☆ 자존감 ★☆☆ 참고할 가치 ☆☆☆

주특기: 험담으로 유대감 만들기

슬로건: '그런 말 안 했는데?', '나는 별로 상관없는데.'

경유형 비난은 학교의 같은 반이나 직장, 양육자 모임 관계 등 규모가 작고 서로 친한 커뮤니티에서 발생하기 쉽다. 경유차에는 경유밖에 넣을 수 없는 것과 마찬가지로 이런 유형의 비난은 같은 무리 이외에는 통하지 않아서 제삼자에게는 전혀 관심이 없는 이야기에 불과하다.

비난의 내용도 '태도가 나쁘다', '눈치가 없다', '잘난 척한다', '뭔가 조금 거부감이 든다' 등 내용도 막연하고 명확한 근거가 없다.

이런 유형의 험담은 다른 사람과 친해지는 재료이다. 한가한 사람이 세 명 이상 모이면 쉽게 발생하고, 비난의 고리에 들어가지 않으면 어색한 분위기를 자아낸다. 그래서 마지못해 참여하는 사람도 많은 것이 특징이다.

이들의 대화는 '그저 험담하고 싶을 뿐'이므로 화제가 순식간에 바뀐다. 직장이나 동네 모임에서 떠도는 소문, 수다 등의 90%는 이러한 경유형 험담으로 구성된다고 봐도 된다.

그리고 여러 명이 모여야 진가를 발휘하므로 한 사람씩 따로 보면 그렇게까지 나쁜 사람들은 아니다. 어디까지나 험담은 '그 자리를 즐기거나 주변 분위기에 맞추고 있을 뿐'인 화제이므로 악의도 거의 없을뿐더러 말했던 내용조차 쉽게 잊어버린다.

그렇기에 험담한 사실을 들켰다고 해도 "그런 말 안 했는데?" 하고 진심으로 기억을 조작할 수 있는 편리한 사고를 한다.

    타격감을 줄 만한 내용도 아니어서 험담하던 중에 본인이 등장하면 순식간에 손바닥을 뒤집듯이 태도를 바꿀 수 있는 것도 특징이다.

    이런 유형의 험담은 사실 그 자리에 있는 모두가 "그래, 맞아!"라고 생각하지는 않는다. 그 자리의 분위기를 깨지 않으려고 일단은 "그렇네."라고 말하는 사람이 있는가 하면 자신은 그리 생각하지 않아도 반론할 수 없어서 철저하게 듣기만 하는 사람도 있다.

    혼자서 "나는 그렇게 생각하지 않아."라고 말했다가는 자신이 다음 표적이 되기 때문이다. "험담하는 건 좋지 않아."라고 말해도 험담하던 사람들이 갑자기 불안해한다.

    '어라, 내가 너무 부끄러운 말을 하고 있었나.'

    '이런, 푸념 좀 늘어놓았다고 나를 한심하게 여기는 거 아니야?'

    이런 식으로 자신들의 행위에 대해 죄책감을 가질 수밖에 없게 된다.

    그렇지만 인간이란 '자신이 옳다'고 생각하고 싶은 생물이므로 자신을 정당화하기 위해서 반론한 상대에 대해 "그 애는 분위기 깨는 데 뭐 있어."라고 하는 등 나쁜 사람으로 몰아간다.

이 경유형 험담이 얼마나 하찮고 고민할 필요가 없는 것인지 이제 알았을까. 그렇다고 해도 같은 무리 내에서 험담의 대상이 되고 있다는 사실을 알면 충격을 받을 수밖에 없다.

그럴 때는 이 속담을 떠올려 보라.

<u>'세상 소문, 길어야 75일.'</u>

이 유형의 험담은 그저 '친해지기 위한 도구'일 뿐이므로 당신이 "아니야, 그렇지 않아. 사실은…." 하고 이러쿵저러쿵 말참견할수록 "기분 나쁘게 왜 저리 필사적이야."라는 말과 함께 2차 재해가 일어날 뿐이다.

억울하겠지만 아무런 말도 되받지 말고 가만히 입을 다물고 있는 편이 현명하다.

'75일'이라고 해도 지금은 정보가 넘치는 시대여서 더 빨리, 어떨 때는 몇 시간 만에 당신에 대한 구설이 '낡은' 화제가 된다. 그러니 안심하고 잠자코 내버려두자.

+ ④ 가짜 휘발유형: 일명 '쓰레기'

거만한 태도 ★★★ 자존감 ☆☆☆ 참고할 가치 ☆☆☆

주특기: 연예인에 관한 가십거리 찾기

슬로건: '하지만 분명 잘 안될 거야.', '다른 사람의 불행은 꿀맛이야.'

네 가지 중에서 가장 저속한 유형이 가짜 휘발유형이다.

이런 유형의 비난을 하는 사람은 자기 일은 모두 나 몰라라 하고 노력도 하지 않으면서 상대방을 깔본다. 상대가 자신보다 위에 있음을 알면서도 도저히 그 사실을 받아들일 수 없다.

솔직하게 '부럽다', '좋겠다'라고 말할 수 없어서 항상 질투심과 열등감이 밀려온다. 그런 자신을 직시하지 못하고 자신을 지키기 위해 폭언을 마구 쏟아 낸다.

상대방이 상처받을수록 자신은 조금이나마 나아진다는 생각에, 그는 자신을 지키기 위해 필사적이다. 거친 말을 내뱉을수록 오히려 침착함을 되찾는, 반비례 그래프 같은 사고방식을 지니고 있다. 그렇다고 해서 바닥에 있는 자신의 현재 상태를 바꿀 생각은 물론이고 빠져나올 방법도 없다.

이런 유형의 비난은 기본적으로 '못생겼다', '바보다', '무능하다' 등 짧은 단어로 말할 수 있는 것들뿐이다. 머리도 거의 쓰지 않고 다른 사람을 불쾌하게 만드는 수준 낮은 험담이다.

예를 들어 "못생겼다의 정의가 뭐야?"라고 물었을 때 간결하게 대답할 수 있는 사람은 없다. 사람마다 각자 가치관이 있기에 세계적으로 공통된 인식으로 정의할 수 없다.

인형 같은 얼굴을 목표 삼아 수십 번, 수백 번 성형 수술을 반복하는 사람이 있다. 본인은 수술을 거듭할 때마다 이상형에 가까워진다고 생각하는 한편, '수술하기 전이 더 미인이었는데.'라고 생각하는 사람도 있다. 현대에는 커다란 눈, 곧게 뻗은 오뚝한 코에 도자기 같은 피부, 늘씬한 스타일의 사람을 미인이라고 하지만, 불과 1,200년 전까지만 해도 포동포동한 외모에 길고 풍성한 검은색 머리카락을 자랑하며 지식과 교양이 있는 여성을 미인의 기준으로 보았다. 태국이나 미얀마 등에 사는 카얀족에서는 여성의 목이 길어 보일수록 미인으로 여기고, 모리타니에서는 뚱뚱한 체형이 미의 상징이기도 하다. 이처럼 정의가 명확하지 않고 수치로 나타낼 수 없는 것은 모두 개인의 가치관에 따른다.

익명의 게시판 관리자 히로유키 씨가 한 말로 알려지면서 2022년 일본 초등학생 유행어 순위 1위(베네세 홀딩스 조사)에 오른 말이 있다.

"그건 네 생각이고."

이 말을 돌려주기 딱 좋은 것이 바로 이런 유형의 비난이다.

"못생겼어!"

'내가 못생겼나. 충격적인데. 어디가 못생겼다는 걸까.'

이런 생각은 시간 낭비일 뿐이다.

그런 비난에서는 뭐 하나 얻을 수 있는 것이 없을뿐더러 귀에 담기만 해도 온몸이 오염된다. 들을 가치가 전혀 없으니 1초라도 빨리 차단하자.

DON'T MIND! 02

마운트를 취하는 사람의 심리

"해외에 가본 적이 없다고? 나는 다섯 번이나 갔는데."

"우리 아빠 카드는 무제한으로 사용할 수 있어. 알바? 일을 왜 해야 하는데?"

"○○대학? 그게 어디래요. 처음 들어봐요. 아, 저는 국립대 의학부 나왔어요."

이런 대화에서 '아, 짜증 나', '어쩌라고~' 싶었던 적이 있을 것이다. 이러한 언행을 '마운트mount'라고 부른다.

마운트란 본래는 '오르다', '걸쳐 있다'라는 의미다. 이로부터 파생되어 동물이 상대의 위에 올라타서 '내가 너보다 강하거든!' 하고 자신의 강인함을 과시한다는 의미로 쓰이게 되었다. 격투기에서도 마운트 포지션을 취하면 유리한 상황으로 끌고 갈 수 있다.

2014년에는 일본 유행어 대상에 '마운팅(여자)'이 후보로 올랐으며 지금은 자신의 우위성을 과시하는 것을 가리켜 부정적인 의미로 '마운트를 취한다'라고 사용하게 되었다. 앞서 예로 들었던 문장들은 각각 해외 경험 마운트, 부잣집 마운트, 학력 마운트라고 할 수 있다.

마운트는 세세하게 장르가 나누어져 있으며 그중에는 "진짜요~! 지금 화제인 그 소설을 안 읽어 보셨다고요?"라는 상대의 가벼운 말에 '어라? 지금 이건 마운트를 당한 건가?' 싶은 불가사의한 마운트도 존재한다.

당신 주변에도 분명 한 명쯤은 이런 시덥잖은 마운트를 취하고 싶어 하는 사람이 있을 것이다. 그들은 대체 무슨 생각을 하고 있는 것일까?

예를 들면 동물의 세계에서는 크고 힘이 센 동물이 우두머리가 될 수 있다. 수컷 공작은 장식 깃털이 크고 훌륭할수록 암컷에게 인기가 더 많다. 수컷 매미는 쩌렁쩌렁 사방이 울릴 정도로 울음소리가 힘찰수록 암컷에게 인기가 더 많다.

동물의 세계에서는 화려한 외모, 큰 울음소리, 아름다움이 자신의 우위성을 과시하기 위한 무기가 되는 셈이다.

인간 세상에서는 자신보다 외모가 출중하거나 노래를 잘하는 사람이 널려 있으니 다른 사람보다 자신이 우위임을 보여 주기 위한 재료를 항상 찾아다녀야 한다. 그래서 자신이 우위에 설 수 있을 법한 화제가 있으면 '아! 그거 알아!' 하고 반기는 것이다. 즉, 마운트는 본능이다.

하지만 평범한 감성을 지닌 사람이라면 다른 사람과 자신을 비교하여 우월감을 느끼더라도 그것을 일부러 입 밖에 내 상대방에게 말하지는 않는다. 이것이 바로 마운트를 취하는 사람과 그렇지 않은 사람의 차이다.

왜 굳이 입 밖에 내는 것일까. 이는 마운트를 취하는 사람의 약한 마음에 기인한다.

<u>마운트를 취하는 사람들은 사실 자신감이 없다.</u>

자신이 충분한 가치가 없다고 생각하거나, 누군가와 비교할 때 불안감을 느끼며 어떻게든 우월감을 얻고 싶어 못 견뎌 한다.

주변에서 "대단해!", "좋겠다." 하고 칭찬받거나 인정받고 싶다고 느끼는 일을 '<u>인정 욕구</u>'라고 한다. '인정'이란 누군가가 자신의 가치를 높게 봐 준다는 뜻이므로 자기 혼자서 만족하는 '자기만족' 만으로는 부족하다. 자신은 대단하다, 이런 일을 할 수 있다, 이런 것을 가지고 있다. 그렇게 계속 마운트를 취하지 않으면 마음이 채워지지 않는다.

마운트를 취하는 사람의 문제는 이뿐만이 아니다.

예를 들어 어느 유명한 기업의 사장이라든지, 해외의 유명한 대학을 수석으로 졸업했더라면 좋았겠지만(애초에 그런 사람은 일일이 마운트를 취하려고 하지도 않지만), 특별히 자랑할 만한 것은 없어도 마운트를 취하고 싶으니까 '상대를 부정하여 낮춤'으로써 자신이 상대보다 우위임을 보여 주려고 한다.

"그런 것도 모르면서 잘도 선생 노릇을 하네."

이것은 내가 어떤 남성에게 실제로 들은 말이다. 이미 이름도 얼굴도 까먹은 그 남성은 내가 "커뮤니케이션 강사로 일하고 있습니다."라고 자기소개를 하자 "그럼 ○○의 법칙을 알아?"라고 물었다. 나는 그 법칙을 몰랐기 때문에 "잘 모르겠어요. 어떤 법칙인가요?"라고 대답했더니 "그런 것도 모르면서…."라며 코웃음을 쳤다.

덧붙이자면, 심리학 분야에서만 그렇지는 않겠지만, 같은 법칙이라도 여러 다양한 명칭으로 불리기도 한다.

예를 들어 '단순 노출 효과'란, 만나는 횟수가 많아지면 상대방에게 호의를 가지기 쉬워지는 심리를 가리키는데, 논문을 발표한 심리학자의 이름을 따서 '자이언스 효과'라고 부르기도 한다. 전부 맞는 말이다. 하지만 그 명칭을 모두 알아야 한다고 생각하지 않을뿐더러 내가 모르는 것을 다른 사람이 아는 일은 흔하다. 하지만 그 남성은 내가 '○○의 법칙'도 모르면서 스스로 '커뮤니케이션 강사'라고 칭한 것이 마음에 들지 않았던 모양이다.

그 후에도 그 남성은 자신이 독학으로 공부했다는 심리학과 커뮤니케이션 관련 이야기를 끝없이 하면서 몇 번이고 "당신은 모르겠지만."이라고 덧붙였다.

그렇게 함으로써 나를 아래로 끌어내리고 '나는 알고 있지만 말이야.' 하고 우월감에 젖어 있었다. 그때는 화가 났지만 지금 이렇게 책의 소재로 활용하게 되었으니 어떻게 보면 그 남성에게 감사한 마음도 든다.

이처럼 마운트를 취하는 사람은 어디에나 있다. 그렇다면 마주친 경우에는 어떻게 대처하면 좋을까.

마운트를 취하는 사람에 대한 대처법

① 칭찬한다

상대가 원하는 반응을 해 주는, 그야말로 신들린 리액션이다.

"역시!"

"몰랐어!"

"대단해!"

"진짜 감각 있다!"

"그렇구나!"

이 칭찬들을 통틀어 '잘 들어 주는 사람의 다섯 가지 맞장구'라고 한다. 이를 기세 좋게 반복하기만 하면 상대의 기분이 좋아지므로 간단하다. 자신은 머릿속으로 다른 생각을 하면서 적당히 "진짜 대단하다."라고 말할 뿐이다. 진지하게 묻지 않아도 되고, 상대의 마운트에 짜증 낼 필요도 없다. '다섯 가지 맞장구'가 정말로 유효한지 "역시!"라고 말해 보자.

② 적당히 대답한다

일단 상대의 마운트를 들어 주되 상대방이 원하는 반응은 해 주지 않는 대응이다.

"아, 진짜…."

"흐음."

"그렇구나."

이를 일정한 톤으로 반복해서 말하자. 이때 결코 기세 좋게 대답하지 않는 것이 요령이다. 굳이 고르자면 냉담한 태도가 더 나을 수도 있다. 상대방의 이야기는 진지하게 듣지 않아도 된다.

'이 사람은 스스로 자신이 없나?'

'별로 대단하지는 않지만 대단하다는 소리가 듣고 싶은 게로군.'

'사실은 약한 사람인 것 같아. 자신을 강하게 보이려고 하네.'

이처럼 상대방을 냉정하게 관찰하고 분석하다 보면 재미있는 구석이 생긴다.

✦ ③ 무시한다

이 방법은 멘털이 약한 편이라면 어려울지도 모르지만, 꼭 시도해 보기를 바란다. 상대가 "대단하지."라는 식의 마운트를 취하면, 정색하며 입을 다무는 것이다.

이때 마음속으로 '뭐라는 거야.'라고 중얼거리면 눈앞의 마운팅이 우스워 보인다. "대단해!", "좋겠다." 등의 호의적인 반응을 보일 것이라 기대하던 상대는 갑자기 입을 다무는 모습에 당황할 것이다.

잠시 입을 다물었다가 스마트폰을 쓱 꺼내 SNS라도 확인하자. 뉴스든 메일이든 뭐든 좋다. 여하튼 '당신의 마운트는 재미없다'라는 의사 표시를 하는 데 말없이 스마트폰을 보는 것만큼 효과적인 것은 없다.

"저기, 듣고 있어?"

그렇게 물고 늘어지면 "아, 미안!"하고 대답하고서 다시 스마트폰을 본다.

상대는 "무례한 녀석이네!" 하고 화내겠지만, 원하던 반응이 돌아오지 않으면 재미없어져서 포기하게 된다.

④ 되받는다

그다지 좋은 대처법은 아니지만, 최강의 멘털이 되었다고 자각했다면 시도해 보라. 마운트 발언을 한 상대에게 이렇게 답하는 것이다.

"그래서? 전혀 대단하지 않은데."

이때 주의해야 할 것은 진심으로 그렇게 생각하지 않으면, 상대가 '강한 척한다'라든가 '허세 부린다'라고 여긴다는 점이다.

"마운트 좀 그만둬 줄래?"

그렇게 분명히 말해도 괜찮을지 모르지만, 상대는 자신에게 유리한 사고회로를 가지고 있다.

"마운트를 빼앗겨서 분하구나."

"어, 이거 전혀 마운트 아닌데, 이걸 마운트라고 생각하다니 자존감이 너무 낮은걸."

이런 말을 들을 수도 있다.

되받으면 상대와의 관계가 나빠지는 것은 불가피하지만, 인연이 끊어져도 상관없다 싶으면 마지막에 한마디 정도는 해줘도 괜찮지 않을까. "짜증 나."라고 말이다.

DON'T MIND! 03

사람들이 질투하는 이유

    질투란 자신보다 뛰어난 사람이나 자신에게는 없는 것을 가진 사람에 대해 일어나는 감정이다. 부럽다는 마음이 들 뿐이라면 이는 질투가 아니다. 질투란 '뭐야, 잘난 척하기는.', '왜 저 사람만.', '그 녀석한테만 좋은 일이 생겨서 배가 아파.' 등 부정적인 감정을 말한다.

    벌써 20년도 더 된 일인데, 내가 심리학을 배우기 시작한 대학생 시절에 간절히 생각했던 바가 있다.

    '질투심이 없어지면 좋겠는데….'

    당시의 나는 화도 잘 내고 항상 다른 사람을 부러워하느라 정신 없었다. 대학생임에도 명품 가방을 사는 친구도 있었고, 해외 여행을 가는 친구도 있었다. 대기업에 취업하는 사람도 있는가 하면, 아버지가 경영하는 회사에 취업하는 사람도 있었다. 솔직하게 '좋겠다'라고 생각하면 좋았을 텐데, 그 당시에는 부러워하지 않으려고 부던히도 발버둥 쳤다.

"좋겠다."

그런 말이 입 밖으로 흘러나오더라도 반드시 그다음에 말을 덧붙였다.

"하지만 그건 그렇게 좋은 게 아니야. 왜냐하면….'

그렇게 단점을 열거했다.

'난 전혀 부럽지도 않고, 별로 아무렇지도 않으니까!'

그리고 그렇게 말하는 듯한 태도를 보였다. 분명 주변 사람들이 보기에 '비뚤어졌다', '시샘하고 있다'라는 티가 다 났을 것이다.

심리학을 배우고 실천할 때 나는 자신을 괴롭히는 '질투심' 없애기를 하나의 목표로 삼아왔다. 하지만 질투심은 감정을 가진 모든 생명체에게 당연한 본능이어서 완전히 없애기란 불가능할 것 같다. 개나 고양이 등 반려동물도 새로운 가족이 늘어나면 질투로 인한 스트레스 때문에 털이 빠지거나 공격적인 모습을 보이기도 한다.

2008년 호주에서는 개를 대상으로 질투심에 관한 연구가 이루어졌다. 개에게 재주를 부리게 한 다음에 보상 간식을 주지 않으면 어떻게 될지에 관한 실험이다. 말을 못 하는 개에게 재주를 부리게 하고서 보상을 주지 않는 것만으로도 불쌍한데, 심술궂게도 '다른 개에게만 간식을 주는' 상황을 만들었다.

재주를 부린 후에 다른 개는 간식을 받는데 자신만 받지 못했을 때 그 개는 어떻게 되었을 것 같은가? 개는 스트레스를 받아 기분이 나빠지거나 자기 몸을 물거나 할퀴는 자해 행동을 보였다고 한다. 개도 인간과 마찬가지로 다른 개에 대해 '좋겠다'는 부러움을 느끼면 스트레스를 받는다고 하니, 질투심은 동물로서 어쩔 수 없는 감정인지도 모른다. 하지만 우리 인간에게는 개보다 뛰어난 '지능'이 있다. 질투심을 발현된 그대로 내버려두지 않고 이성적으로 억누를 수 있을 터다.

질투심을 억누를 수 있는 사람과 그렇지 않은 사람 사이에는 인생의 행복도에 분명한 차이가 난다고 나는 생각한다. 그 증거는 나 자신 한 명뿐이지만, 질투심이 없어지도록 노력해 온 나는 당시와 비교해 단연코 행복도가 높아졌기 때문이다.

그런데 우리는 왜 질투할까?

질투심이란 여러 가지 감정이 조금 복잡하게 얽혀 있어 쉽게 풀리지 않지만, 가장 큰 문제는 '다른 사람과 비교한다'는 점이다.

누군가와 비교하여 불행해진다

　누군가와 비교했을 때 '자신이 열등하다', '내가 졌다'라고 느끼면 사람은 '불행하다'라는 기분부터 맛본다. 자신보다 우수한 사람은 무수히 많다. 외모, 수입, 일, 공부, 스포츠…. 비교할 대상은 끝이 없지만, 자신에게 자신 있는 분야일수록 다른 사람과 비교하여 자신이 '졌다' 싶으면 불행이 몰려오고 분해서 견딜 수 없게 된다. 이러한 '분하다'는 마음은 어떻게 보면 스스로 '졌다'고 인정하는 감정이다.

　순수한 '분함' 중에서도 가장 이해하기 쉬운 것은 시험에서 실수를 저질렀을 때가 아닐까? 평소 같았으면 틀리지 않았을 문제를 실수해서 점수를 따지 못한 경험은 누구에게나 있을 것이다. 이때 '아는 거였는데, 화가 나!', '이런 기본적인 걸 실수하다니!' 하고 그저 분한 마음을 곱씹을 뿐이다. 시험 문제를 풀고 못 푸는 상황에서는 '푼 적이 있는 자신'과 '실수한 자신'을 비교하기 때문에 단순히 분함을 느낄 뿐이다. 비교 대상이 '자신'이므로 분함이 질투로 바뀌는 일은 없다. 그런데 이때, '내가 시험에서 실수하는 바람에 등수가 5등으로 떨어졌어. 그 녀석은 1등했고! 내가 지다니, 분해!'

　이처럼 비교 대상이 '타인'이 된 순간 질투심이 부글부글 끓어 오른다.

'그 녀석은 학원비가 비싼 학원에 다녀서 성적이 좋은 거야! 자기 실력이 아니라고!'

'그 녀석은 성적은 좋을지 몰라도 성격이 나빠!'

이렇듯 비교한 상대를 어떻게든 자신보다 낮추려고 한다. 솔직하게 부러워하거나 분함만 느껴서는 자신이 구원받지 못한다. 그래서 질투라는 감정을 이용하여 자신을 달랜다.

'스포츠는 잘하는지 몰라도 공부를 못하면 말짱 꽝이야.'

'그 녀석이 수입은 많아도 외모가 별로지.'

'복권에 당첨된 모양인데 어차피 인생은 파멸로 치달을 거야.'

이처럼 질투나 시기 같은 종류의 비난을 하며 열등한 자신을 지키고자 한다. 질투의 정체는 바로 '부럽다'라고 솔직하게 말할 수 없는 자신을 지키는 방법인 것이다.

이 세상에 존재하는 '우열'은 누가 정했을까?

자, '열등하다', '졌다'라는 말이 나왔다.

정말 당신이 열등해서 졌을까?

애초에 누가 인간 세상의 '우열'을 정했을까?

언뜻 보기에는 연봉 1억 원을 받는 사람이 5천만 원을 받는 사람보다 더 우수한 것 같다. 하지만 연봉은 높지만, 친구도 가족도 없고 신뢰할 수 있는 동료와 함께 웃거나 식사를 즐기는 일도 없는 생활을 한다면 어떨까?

시험에서 항상 100점을 받는 아이는 10점을 받는 아이보다 우수해 보인다. 하지만 그 아이가 여가도 일절 즐기지 않고 수면이나 식사와 같은 기본적인 일 외에는 모든 시간을 공부하는 데 쓰고 있다면 어떨까?

'이겼다', '졌다'.

'우수하다', '열등하다'.

이런 말은 어쩐지 자기 마음대로 붙인 가치관에 지나지 않는다는 생각이 든다. 어떤 사람에게는 우수해 보여도 어떤 사람에게는 열등해 보인다. 기준이 없는 것은 비교해도 의미가 없다.

누군가와 비교하며 일희일비하면 피곤하다. 유일하게 비교해도 되는 것은 '과거의 자신'뿐이다.

서툴던 내가 할 수 있게 된다. 몰랐던 내가 이해하게 된다. 이것이야말로 자신을 성장시키는 데 필요한 자세가 아닐까.

이 세상에 존재하는 '우열'은 자신이 정한 것이다. 그렇다면 스스로 그 '우열의 정의'도 바꿀 수 있을 터이다.

그리고 이것이 바로 '질투심을 통제하는 방법'이다.

나를 향한 질투심은 내 마음대로 변환한다

질투심은 스스로 통제할 수 있다고 배웠다. 하지만 상대방의 마음은 통제할 수는 없다. 자신을 향한 질투심에는 어떻게 대처하면 좋을까? 이때는 '상대의 말을 마음속에서 변환'하면 된다. 당신에게 질투하는 사람은 자신의 '좋겠다', '부럽다'라는 마음을 솔직하게 말할 줄 모른다. 따라서 자신을 향한 질투심은 전부 이렇게 변환하자.

'부럽다. 당해낼 수 없다. 인정하고 싶지 않다. 얼버무리자. 자신을 지키자.'

'스포츠는 잘하는지 몰라도 공부를 못하면 말짱 꽝이야.'
변환 → '스포츠를 잘해서 부럽다. 여기에 공부까지 잘하면 당해낼 수 없다. 하지만 그렇다고 인정하고 싶지 않다. 얼버무려서 자신을 지키자.'

'그 녀석이 수입은 많아도 외모가 별로지.'
변환 → '수입이 많아서 부럽다. 여기에 외모까지 준수하면 당해

낼 수 없다. 하지만 그렇다고 인정하고 싶지 않다. 얼버무려서 자신을 지키자.'

'복권에 당첨된 모양인데 어차피 인생은 파멸로 치달을 거야.'
변환 → '복권에 당첨되었다니 부럽다. 좋은 인생이네. 하지만 그렇다고 인정하고 싶지 않다. 얼버무려서 자신을 지키자.'

당신을 질투하는 사람은 자신과 다른 사람을 비교하며 사는, 이른바 사는 게 쉽지 않은 사람이다. 자신은 항상 위에 있고 싶지만, 아무래도 당신이라는 '이길 수 없을 것 같은 사람'이 존재한다. 순순히 '부럽다', '좋겠다'라고 인정하기에는 분해서 견딜 수 없다. 그렇다고 자신에게 당신보다 위에 오를 수 있는 기술과 시간이 있는 것도 아니다….

그런 식으로 고민하고 있다니, 실은 당신을 질투하는 사람도 상당히 괴로운 것이다.

DON'T MIND! 04

함께 험담하고 싶어 할 때의 대처법

입만 열면 험담을 하고 "그렇지? 당신도 그렇게 생각하지 않아?" 이런 말만 하는 사람과 대화를 나누면 지친다.

사실 험담할 때는 '기분 좋은 상태'가 될 수 있다. 험담해서 기분이 나빴더라면 아무도 험담을 하려고 하지 않을 것이다. 험담할 때마다 통장에서 만 원씩 자동으로 빠져나간다든가, 험담할 때마다 수명이 한 달씩 줄어든다는 페널티가 있었다면 절대로 하고 싶지 않을 것이다.

험담은 그만큼 '말하면 기분 좋은' 것이다. 게다가 혼자 말해서는 소용없다. 누군가와 함께해야 신이 난다. 이러한 이유로 험담은 즐겁다.

 **직장 동료가 휴식 중에 험담만 한다.
함께 도시락을 먹기가 고통스럽다. (28세 A 씨)**

어느 공장에서 일하는 A 씨는 동료가 쉬는 시간마다 험담을 해서 들어 주기 힘들어 고민이었다. A 씨에게 "험담하면 당신은 어떻게 해요?"라고 물었더니 "그렇네, 하고 공감하고 말아요."라고 답했다. 자신이 험담 내용에 공감하지 못할 때도 "그래? 그건 너무하네."라고 대답하고는 "상대에게 맞추는 저 자신도 싫어요."라고 하며 자기혐오에 빠져 있었다.

직장 동료나 반 친구 등 매일 대면해야 하는 사람이 상대라면 갈등을 일으키고 싶지 않아서 사소한 일에도 신경을 쓰게 된다.

"나는 그렇게 생각하지 않아."

"험담 같은 건 하지 말자."

이렇게 말하면, 다음은 자신이 표적이 될지도 모른다. '나는 표적이 되어도 별로 상관없다.' 그런 강한 마음을 가진 사람이라면 괜찮지만, A 씨는 '자신이 표적이 되는 것이 무서워서 말할 수 없는' 유형이었기 때문에 다음과 같은 대처법을 제안해 보았다.

<u>험담이 화제가 된 순간 맞장구와 대답을 극단적으로 줄인다.</u>

"○○ 씨는 일도 못 하는 주제에 잘난 척한단 말이야. 당신도 그렇게 생각하지 않아?"

그런 이야기를 꺼내도 다음과 같이 대답한다.

"흐음, 잘 모르겠어."

"아, 그래?"

그러면서 골똘히 생각에 잠기는 척한다. 상대는 분명 당신이 이해를 못 했다고 생각해서 또 다른 험담을 꺼내 놓겠지만, 그래도 당신은 계속 말을 흐린다. 상대방은 당신이 반응하기를 바라는데, 자신이 기대한 바를 얻을 수 없다는 사실을 알게 되면 당신에게 험담하면 '재미 없다'라는 걸 느낄 것이다.

반대로 말하면, 당신이 지금까지 "그래, 맞아, 그렇네.", "그건 너무하네." 하고 공감했기 때문에 상대방도 '더 말해야지.' 싶어 점점

심한 말을 한 것이다.

개중에는 단지 자신이 부정적으로 생각하던 사람에 대해 털어놓고 나면 속이 후련해지는 유형도 있다. 굳이 따지자면, 이런 유형이 상대하기가 더 쉬울 수도 있다. 대충 대꾸해 주고 스마트폰 게임이라도 하면 그만이니까 말이다.

A 씨가 내가 제안한 바를 바로 직장에서 해 봤더니 험담하는 횟수가 압도적으로 줄었다고 보고했다. 이 대처법이 왜 효과적인가 하면, '상대는 당신이 반응하기를 바란다'라는 인간의 심리를 잘 이용했기 때문이다. 이를 '스트로크 stroke'라고 한다.

사람은 누구나 자신의 행동에 상대방이 반응해 주기를 바란다. 쉽게 말하자면, 어린아이는 부모의 관심을 끌려고 울거나 떼를 쓰기도 한다. 쇼핑몰 장난감 판매장에서 "사 줘! 사 달라고!" 하고 울고불고하며 바닥에서 뒹구는 아이를 본 적이 있을 것이다. 아이는 부모가 "창피하니까 그만해.", "꼴불견이니 어서 일어나." 하고 초조해한다는 사실을 알고 있다. 그리고 "그래, 알았어, 사 줄 테니 일어나."라고 말해 주기를 기대하며 일부러 울고불고하는 것이다.

이러한 감정적인 메시지나 영향을 주는 커뮤니케이션을 스트로크라고 한다. 스트로크에는 긍정적 스트로크와 부정적 스트로크가 있다.

✦ 긍정적 스트로크

- "좋은 아침." 같은 인사
- 미소
- 상대방의 이야기를 "응, 그랬구나." 하고 관심 있게 듣기

✦ 부정적 스트로크

- "시끄러워!" 같은 폭언과 비난
- 무시
- 화난 태도

✦ 스트로크는 등가 교환이다

인간은 보통 긍정적 스트로크를 갖고 싶어 한다.

나는 매일 운동 삼아 걷는데, 걷는 도중에 "좋은 아침이에요.", "안녕하세요." 하고 인사를 나누기도 한다. 이때 나는 상대방에게도 "좋은 아침이에요.", "안녕하세요."라는 대답이나 목례 같은 긍정적 스트로크가 되돌아오기를 기대한다.

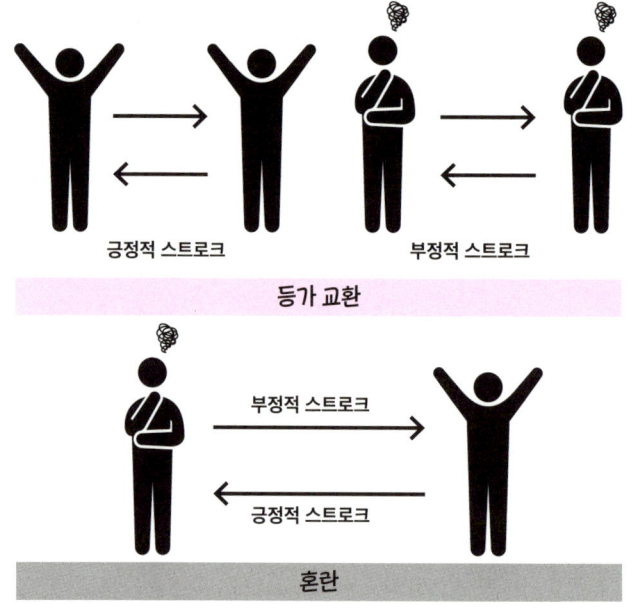

하지만 가끔 상대가 알아채지 못해 대답이 없을 때가 있다. 그리고 실제로 그런 말을 들은 적은 한 번도 없지만, "좋은 아침이에요."라고 인사했는데 만약 "시끄러워! 입 다물어!"라는 부정적 스트로크가 되돌아온다면 '뭐야, 이 무례한 사람은!' 하고 불쾌해질 것이다.

보통 긍정적 스트로크에는 긍정적 스트로크가, 부정적 스트로크에는 부정적 스트로크가 돌아온다. 스트로크는 등가 교환일 때 자연스럽다. 긍정적 스트로크에 부정적 스트로크가, 혹은 부정적 스트로크에 긍정적 스트로크가 돌아오면 우리는 혼란스러워진다.

"그 사람은 잘난 척한단 말이야. 자기 애가 캡틴으로 뽑혔다고 자랑해대서 기분 나쁘더라."

"그래, 맞아. 그렇더라니까~. 애가 열심히 했지, 부모가 한 건 아니잖아."

부정적 스트로크에 대해 부정적 스트로크를 돌려준 사례다.

"그래도 애가 캡틴으로 뽑혀서 자랑하고 싶은 마음도 알 것 같아. 나는 잘난 척하는 것처럼은 보이지 않던데."

이때는 부정적 스트로크에 대해 긍정적 스트로크를 돌려준 셈이다. 자신과 반대인 스트로크가 돌아오면 '뭐야 이 사람은….' 하고 떨떠름해진다.

예전에 쇼핑몰에서 쇼핑하던 중에 어떤 남성이 나에게 갑자기 호통친 적이 있다. 아무래도 내가 밀고 있던 유아차가 방해된 모양이었는지 "이런 곳에서 왜 그런 걸 끌고 다니는 거야!" 하고 대뜸 호통을 쳤다. 너무 놀란 데다 무섭기도 했다. 나는 막연히 '세상은 유아차를 밀고 있는 사람에게 상냥한 법이다'라고 생각했기 때문이다. 그 짧은 순간에 나는 머릿속으로 수많은 생각을 했다. 가까이에 점원은 없다. 손님도 없다. 나에게는 소중한 아기가 있다. 해코지를 당하기라도 하면 곤란하다.

달려서 도망갈까? 되받아칠까? 사과할까?

어떻게 하면 좋을지 모르던 그 순간 '반대 스트로크 돌려주기'를 떠올렸다. 나는 함박웃음을 지으며 쳐다보았다. 그 남성은 그런 나를 보고 "뭐, 뭐야 너. 외국인이야? 말이 안 통하나."라고 했지만 나는 변함없이 활짝 웃었다.

처음에 남성은 나에게 부정적 스트로크를 던졌다. 상대는 무의식적으로 나에게서도 부정적 스트로크가 돌아올 것이라 생각했는데, 그와는 정반대인, 심지어 함박웃음이 돌아오자 혼란스러워했다.

남성은 "뭐야, 너. 섬뜩하게."라며 투덜댔지만, 나는 그 자리를 잽싸게 떠나며 무사히 넘어갔다.

+ **가장 괴로운 것은 '무시'**

스트로크는 상대가 '반응을 바란다'라는 생각을 대전제로 한다. 그래서 반응을 얻을 수 없는 무시가 가장 괴롭다.

험담을 하는 사람은 당신과 함께 분위기를 띄우고 싶어 하므로 아무 반응도 하지 않는 것을 가장 두려워하는데, 이는 가장 좋은 대처법이다.

자신도 함께 험담에 동참하는 것이 아니고, "응, 맞아." 하고 고

개를 끄덕이는 것도 아니고, "그런 건 좋지 않은 것 같아." 하고 반대하는 말을 하는 것도 아니다. "흐음." 하고 관심이 없는 태도로 무시하면 된다.

다만, 입장이나 상황에 따라 '무시'하기 어려울 때도 많을 테니 그럴 때는 무시에 가까운 상태로 '관심 없는 태도'를 보이자. 상대방은 당신에게 관심이 없다는 사실을 알게 되면, 관심을 가져 주는 (같은 스트로크를 돌려주는) 사람을 다시 찾아내므로 신경 쓰지 않아도 된다.

마음 놓고 관심 없는 태도를 취하자.

Column 3

나만의 가치관을 지킨다는 것

저는 자신의 가치관에 따라 살고 있어요.
많은 말씀을 하신다는 것은 알지만, 그로 인해 제 가치관이나 생활방식을 바꿀 생각은 없어요. 그로 인해 설령 그 누구에게도 호감을 살 수 없다고 하더라도 상관없어요.

_디자이너 가노 교코

(『가노 교코의 지혜의 주얼리 12개월 叶恭子の知のジュエリー12ヵ月』 머리말에서)

가노 교코 씨와 가노 미카 씨. 미디어에 출연할 때마다 최고급 브랜드 제품을 몸에 두르고 등장하여 시청자를 놀라게 한다. 그리고 '굿 루킹 가이'라고 불리는 아름다운 외모와 마음을 겸비한 외국인 남성 모델을 수없이 매료시킨 이야기도 유명하다. 가노 자매는 미모와 부, 명성, 모든 것을 손에 넣었는데, 신기하게도 그녀들에 대한 비판적인 댓글은 거의 본 적이 없다. 지지자 대부분이 동성이며, 높은 인기를 계속 유지하는 비결은 흔들리지 않는 사고방식이 매력적이기 때문이 아닐까.

    그중에서도 특히 '굿 루킹 가이'에 대해서는 놀라움을 금할 수 없다. 항상 여러 남성으로부터 열렬히 구애받는 교코 씨는 그날의 기분에 따라 데이트할 상대를 고른다고 한다. 굿 루킹 가이 중 한 명과 데이트하던 중에 다른 굿 루킹 가이가 찾아와 마주치는 일도 적지 않다고 한다.

    교코 씨는 굿 루킹 가이들이 자신을 독차지하는 것은 바람직하지 못하다고 생각한다. 그와 동시에 굿 루킹 가이들을 독차지하려고 들지도 않는다.

    현대 일본에서 이런 일은 '바람 피운다'라는 행위에 해당해서 세상 사람들에게 비난당할 것 같기도 하다.

"저에게는 연인이라는 개념이 없어요. 누군가 당신에게 난 뭐야?라고 물으면, 당신이 스스로 생각해서 정하라고 답하죠. 그러니 바람이라는 개념도 성립하지 않죠."

이처럼 일반 사회적으로 보면 '자유분방', '제멋대로'라고 받아들여질 수 있는 가치관일지라도 자기 나름의 신념이 있기에 '누군가를 위해서' 그 가치관을 바꿀 생각은 없다고 단언한다(물론 그 신념이 누군가의 예절이나 규칙에 위반되지 않는지는 항상 염두에 두고 있다고 한다).

우리 인간은 타인의 의견이나 가치관에 쉽게 좌우되는 동물이다. 언론에서 '유행한다'라고 보도하면 그곳이 장사진을 이루고, 친구들이 "그 옷 촌스러워."라고 하면 다시는 그 옷을 입지 않게 된다.
확고한 신념과 가치관이 없으면 누군가의 '언뜻 보기에 좋아 보이는' 가치관이 나타나자마자 그쪽으로 기울어지게 된다.

예전에는 자신의 생활권 내에서 만나는 사람이 아닌 이상 다른 사람의 가치관을 알 방법이라고는 언론을 통한 연예인의 발언이나 신문, 서적 같은 것밖에 없었다.

하지만 지금은 달라졌다. SNS라는 편리한 도구가 있어 클릭 한 번으로 세계 어디에나 정보를 공유할 수 있으며, 지구 반대편의 정보도 순식간에 얻을 수 있게 되었다.
SNS는 다른 사람의 가치관으로 넘쳐난다.

동시에 자신의 가치관에 반하는 일에 대한 비판도 그만큼 넘쳐난다.

'이렇게 해야 한다.'
'○○하지 않는다니 이상하다.'

다양한 가치관이 스크롤 수만큼 눈에 들어올 테지만, '다양한 가치관을 가진 사람이 있구나.' 정도로만 보고 '나도 그래야겠다.'라는 생각은 하지 말자.

물론, 자신의 확고한 신념에 따라 형성된 '가치관'에 한해서 말하자면…, 이라고 덧붙여야겠지만 말이다.

CHAPTER 4

비난에 지지 않는 사고방식

DON'T MIND! 01

반박하지 않으면 진 것 같다

누군가에게 무언가 불쾌한 소리를 들으면 되받고 싶어진다. 아무 말도 못 하면 나중에 '그때 그렇게 말할 걸 그랬어.', '왜 되받아치지 않았을까.' 하고 분한 마음이 치밀어 오른다. 그런 경험을 계속하면 '다음에야말로 반드시 되받아쳐 주겠어.' 하고 미리 되받을 말을 준비하게 된다. 게다가 처음 목적은 반론하는 것이었는데, 어느샌가 상대방을 말로 꺾는 것, 상대방이 할 말을 잃게 만드는 것이 목적이 되어 버린다.

'상대를 말로 꺾겠다'라고 말하면서 당신은 도대체 무엇을 이기려는 것일까. 당신은 험담을 한 상대의 무엇을 이긴 셈이 되는 것일까. 이기고 진다는 사용하기 쉬운 말을 골랐을 뿐, 사실은 '비난받고 상처받았으니 상대방에게도 똑같이 상처를 주겠다.'라고 생각하지는 않았을까? '자신의 명예를 훼손한 상대방에게 사과를 받아내려고' 반박하려는 것은 아닌가?

반박을 하든 하지 않든, 당신은 누구에게도 진 것도, 이긴 것도 아니다. 애초에 비난에 반론하지 않는 것과 비난의 내용을 인정하는 것은 다르다. 혼자서 가위바위보를 할 수 없듯이 상대가 없으면 이기고 지는 일조차 없다. 당신은 스스로 싸움터에 나가지 않아도 된다.

근거 없는 비난에는 철저하게 '무시'하는 편이 낫다. 어떤 내용이건, 누구한테서 들은 말이건 간에 똑같은 대처를 하면 된다. 핵심은 '스루 스킬through skill'을 익히는 것이다.

스루 스킬이란 주로 상대의 커뮤니케이션을 받아넘기는 능력을 말한다. 영어로 '통과하다'라는 뜻의 '스루through'와 '능력'이라는 뜻의 '스킬skill'이 합쳐져 만들어진 현대어다. 특히 타인에게 비난받는 등 부정적인 언행을 겪었을 때 필요한 기술이다.

◆ **스루 스킬이 높은 사람, 낮은 사람**

스루 스킬이 높은 사람은 평소 사고방식이 긍정적이다. 타인의 악의도 쉽게 받아들일 줄 알아서 스트레스를 쉽게 받지 않는 데다 인간관계에서 무리하는 일도 없다.

남은 남이고, 나는 나라는 '자신의 축'이 탄탄해서 다른 사람의 눈치를 보지 않는다. 타인과 자신을 분명하게 구별하여 생각할 줄 알아서 사물을 객관적으로 볼 수 있고, 휩쓸리거나 휘둘리지도 않는다.

반대로 스루 스킬이 낮은 사람은 사고방식이 부정적이어서 '뭐, 어때.' 하고 낙관적으로 받아들이지 못한다. 상대방의 언행 하나하나에 대해 생각하고, 알지도 못하면서 그 이면을 읽고, 아닐 수도 있는데 망상 속으로 빠져든다. 자신과 타인의 경계선이 모호해서 상대방의 의견에 휩쓸려 휘둘리다가 너무 지쳐서 멘털이 병들게 된다.

✦ 스루 스킬을 익히려면?

스루 스킬은 타고나기도 하지만 노력에 따라 높일 수 있다. 여기서 스루 스킬을 익히기 위한 다섯 가지 방법을 소개하겠다.

✦ 1. 책을 읽거나 영화를 보며 시야를 넓힌다

스루 스킬이 낮은 사람은 안타깝게도 시야가 좁아지기 쉽다. 아무래도 자신의 생각을 바탕으로 해서 '분명 그 사람은 이렇게 생각했을 거야.', '웃고 있었지만 화난 걸 숨기고 있을 거야.' 하고 억측하게 된다.

세상에는 다양한 사람이 있다. 다채로운 장르의 책을 읽으며 '성격이 이런 사람도 있구나.', '이런 사고방식도 있구나.' 하고 적극적으로 배우도록 하자.

자신과 사고방식이 너무 동떨어져 있으면 '그런 사람은 존재하지 않는다. 드라마나 TV에서나 나오는 세계의 이야기'라고 생각하게 되지만, 현실에는 당신의 상상을 초월할 정도로 기발한 생각을 하는 사람이 존재한다.

2. '나는'을 주어로 한다

스루 스킬이 낮은 사람은 무심코 '상대에게 맞추기' 쉽다. 상대에게 맞추면 쓸데없는 다툼이 줄어 편하지만, '즐거운 것 같은데 어째서인지 엄청 피곤하다.', '싫지는 않지만 답답하다.'와 같은 자각 없는 스트레스가 쌓이게 된다.

실제로 상대에게 맞추는 데 익숙해져서 '내 기분을 모르겠다.', '싫은지 좋은지도 모르겠다.'라고 하는 사람도 많다. 그럴 때 '나는 이렇게 하고 싶으니까 이것을 하겠다.' 하고 '나'를 주어로 생각하는 버릇을 들여 보자.

'나는 카레를 먹고 싶어서 카레를 골랐다.'

'나는 파란색을 좋아해서 이 옷을 입었다.'

이처럼 일상생활의 모든 동작에 '나는 이렇게 하고 싶으니까 이걸로 하겠다'라고 자신을 주어로 한 이유를 붙인다.

<u>자신의 행동은 모두 자신이 정했다고 자각하는 것이 중요하다.</u> 누군가에게 맞출 때도 '나는 A 씨가 알려 준 음식을 먹고 싶어서 A 씨가 제안한 레스토랑에 가기로 정했다.' 하고 자신을 주어로 삼아 이유를 붙이자. 당신이 당신의 의견을 더욱 소중히 여겨야 한다.

✦ 3. 객관적으로 본다

'나무만 보고 숲을 보지 못한다'라는 속담이 있는데, 이는 작은 일에 마음을 빼앗겨 전체를 간과하기 쉬움을 비유한 말이다. 스루 스킬이 낮은 사람은 눈앞의 일만 보다가 사물의 전모를 파악하지 못한다.

여러분은 구글 어스라는 앱을 사용해 본 적이 있는가? 지구상의 모든 장소를 위성사진으로 즐길 수 있는 무료 서비스다. 객관적으로 본다는 것은 구글 어스로 말하자면 '내려다보는 관점으로 바꾼다'는 것이다. 남미 페루의 나스카 지상화도 지면에 서서 보면 그저 자갈밭으로 보일 뿐이지만, 상공에서 보면 새와 거미로 보인다.

주관적으로만 봐서는 몰랐던 일도 객관적으로 보면 '그렇구나! 그런 거였구나!' 하고 깨닫게 된다. 객관적으로 보려면 사실에만 주목해야 한다. 사실에 따라오는 '싫은데.', '힘들어.', '귀찮아.' 와 같은 감정과 다른 사람의 의견은 뒤로하고 실제로 일어난 사실만 확인하자.

여기에서는 어디까지나 '당신의 감정을 일단 내려놓는다'는 것이 대전제다. 객관적으로 보려고 하는 나머지 주관을 부정할 필요는 없다. 사실이 명확해지고 나면 그로부터 자신이 느낀 것을 조금씩 정리해 나가면 된다.

처음에는 도저히 자신이 스루 스킬을 구사할 수 없을 것만 같지만, 앞서 소개한 세 가지 방법을 하나씩 충실히 따라 해 보기를 바란다.

3개월이 지날 무렵이면 달라진 자신이 보일 것이다. 지금까지 참았던 자신의 마음에 귀를 기울이고 자신을 소중히 여기면 긍정적인 사고가 만들어지기 시작한다.

불교에는 욕설에 관한 부처님 이야기가 있다.

핑기카라는 젊은이가 부처님을 찾아와 입에 담기에도 거북한 욕지거리로 부처님을 모욕했다. 핑기카에게는 이런 계획이 있었다.

'부처님도 욕먹으면 되받아칠 거야. 그 추태를 세상에 폭로하겠어.'

이런 생각이었다.

하지만 부처님은 심한 욕설에도 일절 반박하지 않고 그저 잠자코 있을 뿐이었다. 핑기카는 부처님에게 '왜 반박하지 않는 거지?'라고 생각했다.

부처님은 핑기카에게 물었다.

"만약 다른 사람에게 선물을 주려는데 그 사람이 받지 않았다면, 그 선물은 누구의 것이겠소?"

핑기카가 대답했다.

"상대가 받지 않았으니, 준 사람의 것이겠죠."

그리고 그 순간 깨달았다.

부처님은 조용히 이렇게 말을 이었다.

"지금 당신은 나에게 심한 욕을 했지만, 나는 그것을 일절 받지 않았지요. 그러니 당신이 한 말은 모두 당신이 가진 그대로입니다."

어떠한가. 부처님의 이야기를 읽으니 이해가 되지 않는가? 상대방이 한 욕에 욕으로 되받았다면 그 욕을 받은 셈이다.

<u>우리에게 다른 사람이 '보낸 것'을 전부 받아야 할 의무는 전혀 없다.</u> 원하는 것만 받고 나머지는 수령 거부하면 된다. 보낸 것을 받는 순간 그것은 받은 사람의 것이 되는 데다가 처분하는 수고도 발생한다. 쓰레기나 다름없는 '그것'을 굳이 당신이 정성껏 처분해 줄 필요는 없다고 생각하지 않는가?

싸움의 링에 오르지 않으면 승리도 패배도 없다.

DON'T MIND! 02
원인을 자신에게서 찾지 마라

내가 운영하는 유튜브 채널 동영상에 이런 댓글이 달렸다.

'저는 자꾸만 상대를 화나게 만들어요. 제가 잘못한 걸까요?'

이 사고는 잘못됐다. 나는 바로 그에 대한 답으로 '그 사고방식은 위험하다'라는 내용의 동영상을 올렸다. 왜 위험한가 하면 가정폭력, 데이트 폭력을 지칭하는 DV Domestic Violence 피해자의 사고와 완전히 똑같기 때문이다.

폭력에는 신체적 폭력뿐 아니라 언어 폭력, 경제권을 쥐고 남용하는 경제적 폭력과 동의 없는 성행위, 스마트폰 카메라를 사용한 성폭력도 포함된다.

길을 걷다가 갑자기 낯선 사람에게 폭언을 당하는 경우는 거의 없다. 설령 그런 일이 있었다고 하자.

'뭐야 저게. 이상한 사람이네….'

'위험한 사람이네. 괜히 얽혔다가 피해를 볼지도 몰라.'

이처럼 보통은 폭언의 이유가 상대방에게 있다고 생각한다. 하지만 DV는 친근한 사이에서 일어나는 일이기에 '저렇게 화를 내다니. 폭언을 당하는 원인이 나에게 있을 거야.' 하고 자신이 당한 폭력을 일단 받아들이고 만다. DV 가해자도 사실 폭력이 나쁜 것임을 인지하고 있다. 하지만 나쁜 짓을 하는 자신을 정당화하기 위해서 이런 식으로 말한다.

"네가 나쁜 사람이니까 맞아도 싸."

"너는 살 가치가 없는 인간이야."

"너는 혼자서는 아무것도 못 해."

DV 피해자 또한 사실 폭력이 나쁜 것임을 안다. 건강한 마음을 소유한 사람이라면 "폭언을 하다니 너무해!" 하고 반발할 수 있지만, 평소에도 DV 피해에 노출되다 보면 정상적인 판단을 할 수 없게 된다.

'내가 나쁜 애라서 이런 일을 당하는 거야.'

'내가 착하게 굴면 폭력은 멈출 거야.'

이처럼 자신이 당한 DV에 정당한 이유를 부여하려고 한다.

'상대가 화내는 이유는 자신에게 잘못이 있으니까….'
이렇게 전부 상대 위주로 옳고 그름을 판단하게 된다.

DV를 당하는 것과 비난받는 것은 별로 관련 없어 보일 수도 있지만, '내가 잘못했기 때문에 비난받는다'라는 사고방식은 마치 DV 피해자와 같다. 자신이 비난당한 일에 대해 억지로 정당한 이유를 만들어 내는 것이다.

근거 없는 비난은 상대방이 당신에 대해 제멋대로 생각한 것에 불과하다. 그것에 대해 다른 사람의 축에 따라 이것저것 생각하면 마음만 병들 뿐이다. 자신을 계속 책망하면 마음이 너덜너덜해질 뿐더러 우울증과 같은 마음의 병을 얻는 계기가 될 수 있다.

'뭐, 어때.'라고 생각하는 사람도 있는데, 왜 많은 사람이 '내가 다 잘못한 거야.' 하고 스스로 책망할까?

지나친 책임감은 위험 신호

남을 탓하기보다 자신을 탓하는 태도가 옳다고 생각했는데, 잘못되었다니 당황스러울 수 있을 것이다.

하나씩 설명하도록 하자.

'내가 잘못했어! 전부 내 탓이야!'라는 생각에 사로잡히는 이유는 '지나친 책임감' 때문이라고 할 수 있다. '필요 이상으로 지나치게 책임을 진다'는 말이다.

어쩌면 연인과 데이트할 때 비가 오면 그런 날 데이트를 제안한 데 대한 쓸데없는 죄책감이 들지 않는가? 친구에게 같이 가자고 한 카페에 줄이 길게 늘어서 몇십 분이나 기다렸을 때도 그 장소를 제안한 데 대해 신경 쓰지 않는가?

'지나친 책임감'은 당신이 전혀 영향을 미치지 않은 일에도 '자신이 잘못했다'라는 미안한 생각이 들게 한다.

'길이 너무 막혀서 미안해.'

'사려던 물건을 사지 못하게 되어서 미안해.'

'음식이 맛없어서 미안해.'

… 이를 보고 이상하다고 생각한 사람은 정상이다. 교통 체증도, 품절도, 맛이 없는 것도 본인과는 전혀 관계가 없으니 사과할 필요도 전혀 없다. 하지만 정말 이런 식으로 '이런 결과는 내 탓은 아니지만, 당신의 기분이 언짢아진 건 내 탓이에요. 미안해요.'라고 생각하는 사람이 있다.

사실 지금까지 예로 든 '지나친 책임감'은 모두 내가 실제로 경험한 사례다. 나는 누군가와 외출했을 때 차가 막히면 진심으로 '내가 잘못한 것 같아. 미안해.'라고 생각했다. 사려던 물건이 다 팔렸다면 '좀 더 일찍 사러 갈 걸 그랬어, 미안해.' 음식이 맛 없으면 '다른 가게에 가자고 제안하지 못해서 미안해.'라는 마음이 들었다.

급기야 비가 오는 날씨에도 '미안해.', 관전한 경기에서 응원하던 팀이 져도 '미안해.' 여하튼 모든 나쁜 일의 원인이 나에게 있는 것만 같은 생각이 들었다.

나에게는 당연히 교통망을 조종할 능력도, 날씨를 좌우하는 능력도 없었으니 자의식 과잉이라고 하면 그뿐이다. 다시 이렇게 그때 일을 쓰고 있자니 자신이 뭐라도 되는 줄 알았나 싶어 웃기지만, 당시에는 진심으로 그렇게 생각하고 있었으니 큰 문제다.

그런데 왜 나는 이렇게까지 '다 내가 잘못했다'라고 생각했을까….

그 답은 '다른 사람의 눈치를 잘 봤기' 때문이다.

눈치 보는 날이 늘어 간다면 위험 신호

나는 다른 사람의 표정을 보고 기분을 추측하는 것이 특기다.

그래서 상담할 때도 상담자의 작은 표정 변화부터, 이야기하던 중에 어디에서 어떻게 말을 멈췄다가 잇는지, 몸짓, 호흡 방법에 이르기까지 소소한 정보를 놓치지 않고 '지금 이런 기분이 아닐까.',

'뭔가를 숨기고 있는 것 같은데.' 하고 예측한다. 지금에 와서는 유용한 재능이라고 생각한다.

하지만 예전에는 이처럼 '사람의 기분을 손바닥 들여다보듯이 훤히 알 수 있는' 것이 고통스러워서 어찌할 바를 몰랐다.

'아, 지금 지루해 보여!'

'분명 짜증 나 있어!'

설령 다른 사람의 기분을 알아도 모르는 척했으면 좋았겠지만, 당시의 나는 그렇게 할 줄 몰랐다.

'어떻게 하면 상대의 기분이 좋아질까.', '어떻게 하면 짜증이 가라앉을까….' '당연'하게 상대방의 비위를 맞췄다.

애당초 내가 왜 다른 사람의 눈치를 보고 비위를 맞추는 사람이 되었을까.

그 원인은 가족 관계에 있었다.

나는 세 자매 중 막내다.

큰 언니와는 일곱 살 차이가 나서 어렸을 때 함께 놀았던 기억이 거의 없다. 둘째 언니와는 세 살 차이여서 자주 놀았고, 물론 싸움도 많이 했다.

언니끼리 싸우는 모습도 가까이서 봐왔으며, 언니와 아빠, 언니와 엄마가 싸우는 모습도 직접 봤다.

그러는 과정에서 아무래도 나는 무의식적으로 '싸움을 중재하는 역할'을 스스로 맡으려 했던 것 같다.

물론 가족 누구에게도 그렇게 하도록 강요받지 않았다. 학대받은 적도 없었으며 "네가 잘못한 거야."라는 말을 들은 적이 없다. 내가 눈치를 보는 사람이 된 것은 그 누구의 잘못도 아니다.

아마 '모두가 사이좋게 지냈으면 좋겠다'라는 생각이 강했던 것 같다. 지금도 스포츠든 게임이든 무엇이 되었든 간에 승패를 가르는 것은 좋아하지 않는다. 모두 함께 즐기는 것을 좋아해서 분한 마음이 드는 것도, 들게 하는 것도 불편하다.

그런 나였기에 주변 사람들에게 문제가 생겼을 때 분위기 메이커가 되어 이 자리의 분위기를 띄워야지!' 하고 무의식적으로 노력해 왔지 싶다.

'불쾌한 사람이 있으니까 내가 분위기 메이커가 되자.'

'상대방 기분을 생각해서 내가 기뻐하는 리액션을 보여 주자!'

그런 생각은 어느샌가 이렇게 변했다.

'내가 도움이 안 되니까 주변 사람들이 불쾌해하네.'

'내 리액션이 별로였나? 기분이 별로 안 좋아 보이네.'

이런 생각이 쌓여서 '다른 사람이 불쾌한 것은 나의 탓'이라고 여기는 '지나친 책임감'을 가진 인간으로 변모하게 되었다.

누구의 문제인지를 판별한다.

자신의 문제와 다른 사람의 문제를 혼동하는 것은 위험 신호

'지나친 책임감'이 버릇이 되면 '다른 사람의 문제와 자신의 문제를 구별하기' 어려워진다.

상대가 짜증 나거나 기분이 언짢아지는 것은 상대의 문제이지 자신의 문제가 아니다. 우리는 다른 사람의 감정을 조작할 수 없다. '다른 사람의 비위를 맞춘다'는 것은 상대방의 문제에 개입해서 상대방의 감정을 조작하려고 하는 셈이다.

자신의 감정은 오로지 자신만의 것이다. 이 원리 원칙을 거스르려고 하면 무리하게 되어 스트레스를 받고 마음에 부담이 생긴다.

상대가 언짢은 것은 상대의 문제이지 당신의 문제가 아니다.
어떤 문제가 생겼을 때 '내가 어떻게든 해야지.'라는 생각부터 하지 말고 '이건 누구와 누구의 문제일까.'라며 책임져야 할 사람을 분명히 가리는 생각을 하자.

DON'T MIND! 03

함께 있으면 피곤한 친구는 '그냥 아는 사람'으로

친구의 정의가 너무 넓다

친구가 많은가? 아니면 적은가?

나는 종종 '아는 사람'이 많다는 소리를 듣는다. 나도 그렇게 생각하지만, 그들 모두를 '친구'라고 생각하지는 않는다.

흔히 "누구든 한 번 보면 친구나 마찬가지지."라고 말하는 사람들이 있다. 어떻게 보면 호탕한 사람이 하는 말 같기도 하지만, 대부분은 아마 진심으로 하는 말이 아닌 그 자리의 분위기를 띄우려는 립서비스이거나 이미지 메이킹의 일환이 아닐까.

'지인', '아는 사람'을 편의상 통틀어 친구라고 부르는 사람도 많은데, 그런 사람은 밝고 활기차며 눈에 띄는 존재이기도 하다.

그래서 우리는 '친구는 많은 편이 좋다.', '친구가 많으면 덕망이 있어 보인다.'라고 생각하게 된다.

하지만 정말 친구가 많은 편이 좋을까.

입학 철이 되면 아이를 둔 부모는 '친구를 사귈 수 있을까.' 하고 아이의 인간관계를 걱정한다. 선생님도 "친구들이랑 사이좋게 지내자." 하고 학급 내의 평화를 강조한다. 이러한 환경 속에서 자라 온 우리는 어느덧 친구의 수가 곧 자신에 대한 평가와 같다고 착각하게 되었다. 학급이란 그저 같은 지역에 사는 나이가 같은 사람들을 모아 둔 것에 지나지 않는데, 사이좋게 지내지 않으면 '나쁜 아이'라는 인상을 주게 된다.

학교뿐만이 아니다. 같은 지역에 사는 아이의 나이가 같을 뿐인 '엄마들'끼리도 사이좋게 지내지 않으면 "그 사람은 특이해."라는 소리를 듣게 된다.

직장에서도 마찬가지다. 우연히 근무처가 같을 뿐인데 사이좋게 지내지 않으면 "자기밖에 몰라."라는 소리를 듣는다.

그저 '아는 사람'일 뿐인데 그것을 '친구'라고 혼동해서 사이좋게 지내야 한다는 생각에 미움받지 않으려고 무리하게 된다. 그러다 보면 친구에 대한 정의가 바다만큼 넓어진다. 그러면 친구는 많지만 통제할 수 없는 괴로운 일을 겪게 된다. 즉, 바다에서 빠지는 것과 마찬가지다.

친구가 백 명이 있다고 상상해 보라. 백 명이나 있으니 당신과 취미가 아주 잘 맞는 친구를 찾을 수 있을지도 모른다. 함께 쇼핑하기 편한 친구도 있을 테고, 고민을 털어놓을 친구, 곤란할 때 도움을 줄 친구도 있을 것이다. 그렇지만 자신이 백 명의 친구에게 기대하는 일은 그만큼 상대도 당신에게 요구할 수 있다는 얘기가 된다.

인간관계에 지쳤다면 '친구'와 '아는 사람'으로 정리만 한번 해 봐도 마음이 후련해진다.

친구 관계에서 중요한 것은 양이 아닌 질

어느 날, 한 어머니가 고등학생 딸을 데리고 상담하러 찾아왔다. "딸이 잠시도 스마트폰을 놓지 못해서 고민이에요."라고 한다.

본인에게 물어보니 매일 친구의 SNS 게시물에 부지런히 '좋아요'를 누르거나 댓글을 쓰느라 바빠서 어느 순간 정신 차리면 한두 시간이 훌쩍 지났다고 한다.

만약 자신이 댓글이나 '좋아요'를 달지 않으면 자신의 SNS에도 아무도 '좋아요'를 달아 주지 않게 될 것이다. 게다가 다들 '좋아요'

를 눌렀는데, 자신만 누르지 않으면 튀어서 나쁜 인상을 줄 것이다. 그런 걱정을 하고 있었다.

그녀에게 "즐거워?"라고 물었더니 "즐겁다기보다는 안 하면 그룹에 들어갈 수 없어요."라고 조용히 답했다.

이것이 바로 친구를 '질보다 양'으로 선택한 전형적인 예다.

마음이 맞지 않는 친구라도 없는 것보다는 낫다. 적은 것보다는 많은 것이 좋다. 맞지 않더라도, 참아야 하더라도, 모두가 즐겁다면 되었다.

그런 생각으로 친구를 대하다 보면 지친다. 그것을 즐겁게 하고 있다면 '취미'나 '오락'이 되지만, 그렇지 않다면 매일 해야 하는 '숙제'와 마찬가지다. 게다가 그 '숙제'는 아무리 열심히 해도 무엇 하나 얻을 것이 없어서 허무할 뿐이다.

그녀의 문제는 스마트폰을 놓을 수 없어서가 아니라 친구 관계를 놓을 수 없었기 때문이었다. 아무리 친구 수가 많고 자신이 '좋아요'를 가장 많이 눌렀다 해도, 따돌림은 한순간에 벌어질 수 있다. 매일 누군가의 게시물에 '대단해, 맞아.'라고 공감 댓글을 달아도 비난받지 않는다는 보장은 어디에도 없다.

나는 그녀에게 친구를 '양'이 아닌 '질'로 고르는 것이 좋다고 말했다. 그러자 그녀 스스로 생각하여 정말 좋다고 생각한 게시물에만 '좋아요'를 누르고, 공감하는 게시물에만 댓글을 달겠다고 했다.

행동과 생각을 바로 전환하기란 어렵지만, '양보다 질'이라는 사고방식을 알아 두면 무의식적으로 '질'이 좋은, 즉 자신에게 맞는 친구를 발견하는 감성이 길러진다.

거리를 두는 편이 좋은 친구

분명히 해 두자면, 함께 있어서 피곤한 친구는 이미 친구가 아니다. 거리를 두고 친구에서 '아는 사람'으로 분류하자. 거리를 두는 편이 좋다고 생각하는 친구의 일곱 가지 특징을 소개하겠다.

✦ 1. 언제나 푸념을 한다

"나 같은 건 어차피…."

"그래도 말이야, 그건 좀 그렇지 않나."

항상 푸념만 하는 사람은 안타깝지만 그다지 좋은 친구라고 할 수 없다. 부정적인 힘은 생각보다 강해서 옆에 있던 당신마저도 그 소용돌이에 휘말려 버린다. 그리고 빠지기는 쉬운데 빠져나오기는 어렵다. 또 푸념만 늘어놓는 사람은 당신을 푸념의 배출구 정도로 생각할 수 있다. 푸념을 털어놓을 때만 연락하는 친구가 있다면, 그

관계는 일단 청산해도 괜찮다. 메시지와 전화 모두 무시하고 당신에게 더욱 즐거운 화제를 제공해 주는 사람과 친하게 지내자.

✦ 2. 다른 사람을 자주 험담한다

험담을 자주 하는 사람과는 두말할 필요도 없이 거리를 두는 편이 좋다. 험담은 푸념과는 비교할 수 없을만큼 부정적인 힘을 가지고 있다. 항상 험담하는 사람은 미간에 주름이 잡혀 있어 보기에도 얼굴이 심술궂다고 생각하지 않는가?

표정이란 마음을 나타내는 거울이기에 점점 얼굴이 못생겨진다. 당신은 듣고만 있었다고 생각해도 다른 사람이 보기에는 '같이 험담했다'라고 보여서 당신까지 못생겨진다.

게다가 험담을 많이 하는 사람은 당신이 없는 자리에서 반드시 당신에 대한 험담도 할 것이다. '나를 믿어서 나에게 다른 사람을 험담한다.'라는 잘못된 생각은 버리자.

단체 채팅에서 누군가의 험담이 오갈 때 절대로 동조해서는 안 된다. 화면이 캡처되면 했던 말을 취소할 수도 없다.

험담하는 분위기가 되면 그 자리를 떠나는 등 물리적으로 거리를 두는 것이 제일 좋다. 그래도 상대가 달라지지 않는다면 관계를 재검토하자.

✦ 3. 쓸데없는 거짓말을 한다

어느 정도 거짓말을 하는 것은 어쩔 수 없는지도 모른다. 하지만 쓸데없는 거짓말을 하는 사람은 주의해야 한다.

고등학생 때 '구찌 지갑을 샀다'라고 자랑하는 아이가 있었다. 나는 그 아이가 평소 자주 거짓말을 한다고 의심하고 있었던지라 "멋지다! 그럼, 보여 줘."라고 하자 "어제 아버지랑 싸워서 아버지가 버렸어."라고 말하며 보여 줄 수 없다고 했다. 이런 거짓말은 다른 사람에게 잘 보이고 싶어서 한다고 생각한다.

거짓말로 위기를 헤쳐 나가는 사람들을 어렵지 않게 찾아 볼 수 있다. 그런 사람은 무슨 일만 있으면 거짓말로 속이면서 자신을 돋보이게 하려고 할 것이다. 게다가 거짓말이 습관이 되어 무엇 하나 신뢰할 수 없다. 그럴 때마다 주변 사람이 "대단해." 하고 추켜세우지만 속으로는 '거짓말이겠지?'라고 의심하느라 지쳐 버린다. 거짓말쟁이와 엮여 봤자 앞으로도 변변한 일이 없을 것은 뻔하다.

✦ 4. 아무렇지도 않게 약속을 어긴다

'절대로 비밀로 하겠다고 약속했는데 비밀을 폭로했다.'
'같이 놀기로 약속했는데 당일 아침에 갑자기 약속을 취소했다.'
'거래처에 방문하기로 하고 방문하지 않았다.'

약속에는 가벼운 것부터 중요도가 높은 것까지 다양한 종류가 있지만, 어떤 약속이 되었든 간에 약속을 어기는 사람과 어울리는 것은 다시 생각하는 편이 좋겠다.

약속을 어기는 사람은 처음부터 그 약속을 지킬 마음이 없다. 약속한 상대보다 자신의 기분을 우선시하기 쉬워서 '왜냐하면 가고 싶지 않거든. 하기 싫었는걸. 어쩔 수 없잖아.'라며 태연하다. 게다가 약속을 어기는 데에 대한 죄책감이 적어서 '뭐라고 하면 사과하면 되지.' 하고 가볍게 생각한다.

이런 사람은 지금까지도 앞으로도 자신을 최우선으로 생각해서 주변 사람들은 휘둘리다 지친다. 무리해서 어울릴 필요는 없다.

✦ 5. 무신경하고 배려할 줄 모른다

"살쪘네."

"그 옷 이상해."

"모처럼 골라 준 선물이지만, 이건 필요 없어."

이처럼 상대에게 기분 나쁜 말을 툭툭 던지는 사람이 있다. 보통 이런 사람을 '무신경하다', '배려할 줄 모른다'고 싫어하지만, 한편으로 본인에게 악의는 없으니 어쩔 수 없다고 두둔하는 사람도 있다.

하지만 나는 그렇게 생각하지 않는다. 악의가 없으니 더 문제다. 악의가 있다면 무언가 이유가 있다는 것이니, 그 이유가 사라지면 더 큰 문제를 일으킬 일은 없다. 하지만 악의 없이 사람을 상처 입

힌다면 이 사람은 개선될 여지가 없이 치명적이다.

만약 당신의 주변에 무신경하고 배려할 줄 모르는 사람이 있다면, 깊이 관여하지 않도록 하자. 관여해 봤자 쓸데없이 상처만 받을 뿐이다. 구태여 '쓸데없이'라고 말한 것은 '상처를 받았다'라고 전해도 무신경해서 사람 말을 전혀 듣지 않기 때문이다.

✦ 6. 자신이 유리해지는 일밖에 생각하지 않는다

자신이 이득을 보거나 유리해지는 일밖에 생각하지 않는 사람은 그 결과 상대가 손해를 봤다고 해도 전혀 신경 쓰지 않는다.

예를 들어 선물로 케이크를 받았을 때를 생각해 보자. 상자 안에 모두 종류가 다른 조각 케이크가 들었다면, 사람들은 대부분 "어떤 거 먹을래?", "가위바위보로 이긴 사람부터 마음대로 고르자."라고 하며 서로 양보한다. 하지만 자신이 유리해지는 일밖에 생각하지 않는 사람들은 "난 몽블랑!" 하고 누구보다도 먼저 먹고 싶은 케이크에 손을 뻗는다.

노래방에 가서도 혼자 마이크를 붙잡고 놓지 않거나, 외출해서 "뭐 좀 마시고 싶으니 카페에 들어가자."라고 제안해도 "난 안 마시고 싶으니까 카페에는 안 갈래."라고 말하기도 한다.

그 사람만 즐겁고 당신은 조금도 즐겁지 않다. 그런 인간관계에

긍정부터 들어가느냐 부정부터 들어가느냐에 따라
인생이 크게 달라진다.

짐작이 가는 바가 있다면 조용히 거리를 두자. 자기 일밖에 생각하지 않는 사람과는 어울릴수록 시간과 멘털만 낭비할 뿐이다.

✦ 7. 모든 면에서 부정적이다

사람은 긍정부터 들어가는 사람과 부정부터 들어가는 사람으로 나뉜다.

"다음에 호텔에 점심 먹으러 가지 않을래?"라고 제안했을 때 긍정부터 들어가는 사람은 "좋아! 가자!"라고 하고, 부정부터 들어가는 사람은 "음, 하지만 가격이 비쌀 것 같아."라고 한다. 그렇다고 점심을 먹자는 제안 자체를 거절한 것은 아니어서 결국에는 함께 가는데, 가서도 또 '양이 적다'느니 '간이 싱겁다'느니 여러모로 부정적인 말을 내뱉는다.

어떤 것이든 일단 부정하고 보는 것은 '버릇'과도 같아서 작정하고 비판할 악의는 없다고 해도, 일단 함께 있으면 썩 기분이 좋지는 않다.

나도 예전에 "해외여행을 가고 싶어."라고 말했다가 상대에게 "비행기는 멀미해서 너무 싫어! 나는 해외는 절대 안 갈 거야!"라는 부정적인 이야기를 들었다. 당시 굉장히 불쾌한 기분이 들었다.

<u>자신이 특별히 가고 싶지 않다라고 생각했을 지언정 그것을 바라는 상대가 눈앞에 있는데도 굳이 부정하는 것은 사회성과 인성이 부족하기 때문이다.</u>

"당신은 항상 부정만 하더라." 담담하게 지적하고 그래도 달라지지 않는다면 안타깝지만 떠나자.

DON'T MIND! 04

어째서 당신에게는 괴로운 일이 잇따라 닥칠까?

불쾌한 일, 괴로운 일이 생기면 '나는 왜 이렇게 불행할까.' 싶다. 하지만 정말 당신에게만 괴로운 일이 닥치고 있는 것일까. 지금 당신의 옆에 있는 사람은 당신보다 불행하지 않을까. 애당초 불행이란 도대체 무엇일까?

예전에는 나 자신도 행복과 인연이 없는 것만 같은 생각이 들었다. 결혼하여 아이가 태어나고 생활하는 데 어려움을 겪지도 않았는데 막연하게 '행복하지 않다'라고 생각했다.

그랬던 나의 눈이 번쩍 뜨인 사건이 있었다.

바로 2011년 3월에 발생한 동일본 대지진이다.

지진이 발생한 후 시간이 지나면서 피해 지역의 모습이 점차 드러났다. 쓰나미로 파괴된 건물, 떠내려간 차, 무너진 집….

'만약 나한테 저런 일이 일어나면 도저히 살아갈 수 없을 거야. 절망할 일밖에 없는걸.' 이런 생각이 들었다.

그런 가운데 한 영상이 기억에 선명하다. 그것은 재해지 주민의 인터뷰 영상이었다. 한 남성이 삽으로 흙더미를 파고 잔해를 치우며 이렇게 말하고 있었다.

"아마 이 밑에 가족이 묻혀 있을 거야. 빨리 구출해 줘야지."

그 장면을 봤을 때 나는 충격을 받았다. 그 남성은 이런 절망적인 상황에서 어떻게 움직일 수 있을까? 나라면 힘들고 고통스러워서 분명 온종일 울면서 일어날 수조차 없을 텐데 어떻게 저 사람은 저럴 수가 있지?

그리고 그 사람은 이렇게 말했다.

"목숨을 건졌는걸. 나는 살지 않으면 안 되니까."

가족이 죽었을지도 모르는데 절망감을 느끼지 않을 리가 없다. 하지만 그 남성은 자신이 할 수 있는 일을 하고 있었다. 이때 처음으로 인생에 대해 진지하게 생각했다.

절망하고, 괴롭고, 나 같으면 '삶이 이렇게 고통스럽다면 그만둘래.'라고 생각할 만한 상황인데도 그 사람은 삶을 포기하지 않았다.

나도 그 사람처럼 무슨 일이 있어도 "살지 않으면, 안 되니까." 하고 이를 악물고서 앞을 바라보는 사람이 되고 싶다!

그 사람과 나의 차이는 도대체 무엇일까….

이때 찾은 대답이 '마음'이었다.

집이 없다.
차가 없다.
직장도 없다.
돈이 없다. 옷도 없다. 먹을 것도 없다.
돈을 찾으려 해도 통장도, 도장도, 심지어 은행조차 없다.
돈을 빌려주는 사람도 없고, 자신의 신분을 증명하는 것도 아무 것도 없다.

그런 상황에서도 살아가기 위해서는 '마음'이 필요하며, '마음' 상태 하나로 긍정적으로도, 부정적으로도 될 수 있다. 이왕이면 나는 긍정적으로 될 수 있는 '마음'을 갖고 싶다.

지금에 와서 당시의 자신을 돌아보면 나는 항상 어떤 일을 하고 있었다.

바로 '불행 찾기'다.

길가에 핀 민들레를 보고 '행복하다'라고 생각하는 사람이 있는가 하면, 수억의 자산이 있는데도 '불행하다'라고 생각하는 사람도 있다. 일자리를 찾지 못해 '불행하다'라고 생각하는 사람이 있는가 하면, 연예계에서 활약하며 큰 명예와 부를 누리고 있음에도 자살을 택하는 사람도 있다.

행복에도, 불행에도, 세계적으로 공통된 인식 같은 것은 없다. 어떤 상황에서도 자신이 느끼는 방식 하나로 행복해지기도, 불행해지기도 한다는 사실을 그때 확실히 알았다.

지금 '자신에게는 불행만 닥친다'라는 생각이 든다면, 그것은 분명 당신이 불행에만 주목하고 있기 때문이다. 관점만 바꾸어도 불행감을 줄일 수 있다.

불행에서 벗어나는 세 가지 사고방식

✦ 1. 불행한 일을 찾지 않는다

'자신은 불행하다'라고 생각하는 사람은 불행한 일을 아주 잘 찾는다. 일상의 별것 아닌 한순간에서도 불행한 이유를 찾아낸다.

외출하려고 했는데 비가 오니 '나는 비를 부르는 사람이다.'

업무 중에 작은 실수를 하면 '나 같은 건 뭘 해도 안 돼.', '거봐, 역시. 내가 항상 이렇지.'

그렇게 항상 부정적인 것을 찾아낸다. 사고와 사고방식은 뇌의 버릇 같은 것이다. 캐치볼을 할 때 잘못 던지면 어깨를 다치듯이 사고방식이 잘못되면 마음을 소모할 뿐이다.

그리고 불행한 일을 찾아내는 데 뉴스만큼 안성맞춤인 것도 없다. 매일 온갖 부정적인 정보가 뉴스로 나온다. 그것은 우리의 생활에 필요한 정보이기도 하지만, 사건이나 사고를 '단순한 정보'로서 처리할 수 없다면 보지 않는 편이 좋겠다. 어느 나라에서 벌어진 전쟁도, 경제 상황도, 태풍 피해도 우리 개인이 노력한다고 해서 막을 수 있는 것이 아니다. 아는 것도 중요하지만, 그것은 어디까지나 정보일 뿐이며 당신의 감정과는 또 다른 것이다.

TV 프로그램뿐만이 아니다. 특히 SNS는 어딘가에 사는 누군가의 일상에 대한 푸념과 스트레스가 쌓이는 장소다.

'나만 그런 게 아니라 다행이야!'

그렇게 생각한다면 괜찮지만, 감정을 적절히 처리할 줄 모를 때는 되도록 보지 않는 것도 하나의 방법이다.

불행을 잘 찾아낸다고 해서 무슨 이득이 있는 것도 아니다.

이왕이면 행복한 것을 찾아보지 않겠는가?

2. '다행 찾기'를 한다

불행한 일을 찾는 대신 좋았던 일을 찾는 '다행 찾기'를 해 보자.

내가 초등학생 때 본 TV 애니메이션 주인공 '폴리아나'는 '다행 찾기'를 잘했다.

불행 찾기를 잘하는 사람은 평소에도 '좋았어', '즐거웠어' 등 긍정적인 일에 의식이 향하지 않는다. 나도 지금에야 '오늘도 평화로운 아침을 맞이해서 행복하다'며 살아있음에 행복을 느끼지만, 예전에는 좀처럼 그렇게 생각할 수 없어 고생했다. 폴리아나의 '다행 찾기'를 당신도 꼭 해 보기 바란다.

- 매일 '좋았어', '즐거웠어', '행복해' 라고 생각한 긍정적인 일을 종이에 적는다.
- 종이를 접어서 병에 넣는다.

딱 두 단계, 그뿐이다. 잠자리에 들기 전 휴식 시간에 '다행 찾기'를 하는 것이 요령이다. 세 가지 정도 좋았던 일을 적을 수 있다면 좋겠지만, 처음에는 한 개라도 상관없다.

예전에 어떤 내담자에게도 해 보라고 했더니 "좋았던 일이 세 개도 되지 않아서 우울했어요."라고 말했던 적이 있다.

무리하게 세 가지를 찾으려고 하기보다는 단 한 개라도 좋으니 우선 찾아내는 데서부터 시작해 보자. 계속하다 보면 일상에서 일어난 사소한 일에도 '아, 이건 다행 찾기로 쓸 수 있겠어!' 하고 의식이 향하게 된다.

심리학 용어에 '컬러 배스 효과 color bath effect'라는 것이 있다. 이는 **의식하면 자신에게 그 정보가 더욱 많이 모인다**는 것이다.

지갑을 사려고 생각하면, 다른 사람은 어떤 지갑을 사용하는지 자연스럽게 눈길이 간다. 그와 마찬가지로 '좋았던 일을 찾아야지.'라고 의식만 해도 좋은 일이 당신에게 모여드는 현상이 일어난다.

병이 가득 차면 그것을 열어 다시 한번 읽어 보자.

'다행 메모'를 읽다 보면 좋았던 일을 떠올리며 그 순간의 기분을 다시 느낄 수 있어, 마음이 한결 즐거워진다. 꼭 한번 해 보길 바란다.

✦ 3. 생각 수정하기

사람에게는 누구나 자신이 믿는 '생각'이 있다.

'나는 비를 부르는 사람이라 외출만 하면 항상 비가 온다.'
'대학을 졸업하지 않으면 유명한 기업에 취직할 수 없다.'

그것은 '생각하기 나름'일지도 모른다.

이러한 부정적인 생각은 말 그대로 '그 사람의 생각'일 뿐 세계적으로 공통된 인식은 아니다. 당신이라는 사람과 날씨에는 아무런 관련이 없으며, 대학을 졸업하지 않고도 유명 기업에 취직한 사람은 많다. 그런데도 우리는 제멋대로 자신만의 생각을 만들어 낸다.
이러한 생각을 '신념'이라고 한다.

'신념'이란, 비유하자면 색안경을 쓰고 있는 것과 같은 상태를 말한다. 검은색 렌즈의 안경을 쓰고 있으면 세상이 검게 보이고, 노란색 렌즈의 안경을 쓰고 있으면 세상이 노랗게 보인다. 이처럼 세상을 보는 방법, 현실을 받아들이는 방법은 자신이 선택하여 쓰고 있는 안경의 색에 따라서 얼마든지 달라진다.

지금 '나는 불행해. 친구에게도 배신당하고, 나는 가치가 없는 인간이야.'라고 생각한다면, 그것은 '불행하고, 배신당하고, 가치가 없는' 렌즈의 안경을 쓰고 세상을 보고 있다는 말이다.

길가에 핀 민들레를 보고 진심으로 '행복하다'라고 생각하고 싶다면, 그러한 렌즈의 안경을 쓰면 된다. 그렇다고 현실에서 그런 안경을 구할 수는 없으니 자신의 사고방식을 바꾸어야 한다. 하지만 수십 년을 살아오면서 형성된 자신의 사고방식을 어느 날 갑자기 통째로 바꿀 수는 없다.

지금까지 오랫동안 자신과 함께 살아온 분신과 같아서 잘 가, 하고 손을 흔들고 헤어져도 문득 어느 순간에 "나 왔어." 하고 돌아와 버린다.

그럼 어떻게 신념을 수정할 수 있을까?

그 방법은 아주 간단하다.

'나는 비를 부르는 사람이라 외출만 하면 항상 비가 온다.'

그런 생각이 들면 '그럼 비 오는 날에도 즐겁게 외출할 수 있도록 마음에 드는 우산을 사자.'라며 '비'라는 부정적인 생각을 긍정적으로 바꾸는 것이다.

'대학을 졸업하지 않으면 유명한 기업에 취직할 수 없다.'
그렇게 생각한다면 대학을 졸업하지 않고 유명 기업에 취업한 사람을 검색한다. 그런 정보는 인터넷을 이용하면 순식간에 찾을 수 있다.
부정적인 생각을 하고 있다 싶으면 억지로라도 긍정적인 측면을 찾아낸다. 억지여도, 다소 무리가 있어도 상관없다. 자신이 얼마나 부정적으로 받아들이고 있었는지 질릴 때까지 반복해 보기를 바란다. 자신이 부정적으로 생각하는 일도 다른 사람이 보면 긍정적인 일일 때가 많다.

컵에 물이 반쯤 담긴 상태를 보고 '물이 반밖에 안 들었어, 어쩌지!'라고 생각하는가, 아니면 '물이 반이나 들어있어, 아싸!'라고 생각하는가.
우리는 그것을 스스로 정할 수 있다.
나는 어떤 일에도 우선 "좋아!"라고 말하도록 한다.
미세스 콘테스트에 출전하는 최종 후보들에게 스피치를 가르칠 때였다. 그녀들은 입을 모아 "저는 울렁증이 있어요.", "사람들 앞에서 이야기하는 게 서툴러요."라고 말했다. 나는 그 말을 듣자마자 바로 "그렇군요! 좋아요!" 하고 웃는 얼굴로 대답했다.

그러자 모두가 '뭐라고?' 하는 표정을 지었다.

물론 큰 무대에 서서 많은 관객 앞에서 스피치를 해야 하는데 '울렁증이 있고, 사람들 앞에서 이야기하는 게 서툰 것'이 "좋아!"라고 할 일은 아니다.

그래도 일부러 나는 "좋아!"라고 말한다.

"그건 긴장해서 뇌가 전투 모드에 들어갔다는 뜻이야. 맥 빠지는 스피치보다 의연하게 긴장감 있는 연설을 할 수 있을 거야! 그 분위기에 관객을 끌어들인다면 그 자리는 내 것이나 마찬가지겠지. 긴장을 내 편으로 만들자!"

그렇게 말하자 모두 "그렇구나, 그렇게 생각하면 되는구나!" 하고 긍정적으로 받아들였다. 어떤 일이 되었든 우선 "좋아!"라고 말한다. 그리고 그다음에 좋은 이유를 생각한다. 긍정적으로 변환하기가 습관이 되면, 어느새 부정적인 생각은 사라져간다.

DON'T MIND! 05

우리를 얽매는 착한 아이 콤플렉스

우리가 영향을 받는 것들

우리는 항상 '환경'과 '반복'의 영향을 받는다.

'환경'이란 일상생활 속에서 가진 습관을 말하며, 어렸을 때부터 부모에게 들어온 말이 쌓여 형성된다.

"밥은 남기지 말고 먹어."

"자기 전에 이 닦아."

이와 같은 말이 해당한다.

'반복'이란 자기 자신과의 대화를 말한다.

우리는 무의식적으로 하루에 6만 단어 이상 머릿속에서 반복한다고 한다.

당신은 지금 이 책을 읽으면서도 '슬슬 쉴까.', '커피가 마시고 싶네.' 등 머릿속으로 대화하고 있지 않을까.

하루에 6만 단어 이상이니 그중에는 매일 반복하는 말도 있을 것이다.

'피곤해, 힘들어.'

'신난다, 기뻐.'

'졸려. 하기 싫어. 그만하고 싶어.'

'좋아! 힘내자!'

어떠한가. 당신은 매일 어떤 말을 반복하고 있는가?

우리가 무의식중에 머릿속으로 반복하는 말은 환경에 의해 만들어진 습관이다.

매일매일 머릿속에서 다른 사람에 대한 불평과 푸념 등 부정적인 말을 많이 되풀이하는 것과 행복과 감사 등 긍정적인 말을 되풀이하는 것 중에서 어느 쪽이 뇌에 좋은 영향을 줄까?

거울을 보고 '나는 못생겼어.'라고 매일 생각하면 뇌는 '그렇구나, 나는 못생겼구나. 알았어, 계속 못생긴 채로 있도록 지령을 내릴게!'라고 해석한다.

반대로 '난 꽤 멋져.'라고 매일 생각하면 뇌는 '그렇구나, 나는 꽤 멋지구나. 알았어, 앞으로도 멋지도록 분발할게!' 하고 '멋진 자신이 되는 지령'을 계속 내린다.

이렇게 머릿속에서 반복된 말이 차곡차곡 쌓여 '가치관'이 형성된다.

✦ 가치관이란

가치관은 자신이 소중히 여기는 사고방식을 말한다.

가치관은 사람에 따라 다양한데, 가치관이 비슷한 사람을 만나면 우리는 '이해해 준다', '말이 통한다'라고 느낀다.

나는 고양이를 정말 좋아해서 결혼할 상대도 고양이를 좋아하는 사람이었으면 했다. 이는 나의 결혼에 대한 가치관 중 하나이다. 그리고 역시 고양이를 좋아하는 남편과 결혼해서 지금은 고양이 세 마리와 함께 행복하게 살고 있다.

여기서 '고양이 애호가'라는 가치관과는 반대되는 사람과 결혼했다면 어떠했을까? 내가 "고양이를 키우고 싶어."라고 말해도 남편이 '동물을 키우는 데 반대다'라는 가치관을 가진 사람이었다면 아마 결혼생활 중에 큰 불만이 터져 나왔을 것이다.

가치관은 매우 중요한 사고방식의 요소다.

'가치관'이라고 하면 굉장히 좋아 보이지만 사실 '좋지 않은 가치관'도 존재한다. 바로 '착한 아이 콤플렉스'다.

'당연히' 사고

당신이 가진 가치관에서 당연히 '해야 한다', '~하지 않으면 안 된다'라고 생각하는 일은 무엇인가?

친구와 사이좋게 지내야 한다.
나보다 나이가 많은 사람을 공경해야 한다.
다른 사람에게 상냥하게 대해야 한다.
학교에 가야 한다.
부모의 말을 들어야 한다.
곤경에 처한 사람을 보면 도와야 한다.
기대에 부응해야 한다.
완벽해야 한다.

이러한 가치관을 '당연히' 사고라고 하자.
누구나 '당연히' 사고를 무의식적으로 하고 있는데, 이는 자신의 행동에 제한을 거는 스트레스의 근원이다.

"아이가 학교에 갔으면 좋겠어요."
등교를 거부하는 아이를 둔 부모님은 모두 이런 바람을 가지고 있다.

나는 "왜 학교에 보내고 싶으신가요?"라고 물어보았다.

"학교는 가야 하니까요."

그러자 이런 대답이 돌아왔다.

"적어도 고등학교는 졸업해야 한다고 생각해요."

이처럼 '학교에 갔으면 좋겠다'라는 '희망'과 같은 말투를 사용하지만, 실은 마음속 깊은 곳에는 '가야 한다'라는 '해야만 해/해서는 안 돼'가 자리 잡고 있다.

'해야만 해/해서는 안 돼'라는 사고는 행동을 제한하기 때문에 '가야 한다'고 생각하는 이상 '보낸다' 이외의 선택지를 받아들일 수 없다.

학교에 가지 않아도 프리스쿨에 다니거나, 온라인으로 수업을 듣거나, 자택에서 자주적으로 학습하는 방법도 있다.

그래도 '가야 한다'고 생각하는 이상 등교가 아닌 다른 방법으로 시선을 돌리지 못하여 스스로 자신을 얽매고 그 결과 괴로워하게 된다.

'항상 상위권 성적에 들고 싶다.'

그래서 공부에 힘쓰는 아이도 있다.

상위권 성적에 들면 주변 사람으로부터의 신뢰도 두텁고, 입시를 앞두었을 때는 학교 추천 등의 기회를 얻게 되기도 한다. 공부를 좋아해서 즐겁게 하고 있다면 괜찮지만, '항상 성적이 상위권에 들어야 한다'는 생각에 괴롭다면 그것은 문제다. 성적이란 항상 점수라는 숫자로 자신의 노력을 평가받는 것이다. 눈에 보이니 보람도 느낀다. 하지만 당연히 몸이 아프거나, 싫어하는 분야이거나, 시험이 너무 어려워서 원하던 점수를 받지 못하는 일도 있다. 그때 '항상 상위권 성적에 들어야 한다'고 생각했다면 달성하지 못한 자신을 받아들일 수 없다. 설령 달성했다고 해도 계속해서 닥쳐오는 시험에 계속 긴장하다가 결국 심한 스트레스를 받으며 마음을 소모하게 된다.

나는 이전에 『남자로 태어나서 여자가 되어 결혼도 했다 男に生まれて、女になって、結婚もできました。』의 저자 요시이 나나 씨에게 이런 질문을 한 적이 있다.

"나나 씨, 항상 밝고 긍정적이서서 멋져요. 저도 나나 씨처럼 되고 싶은데, 어떻게 하면 그렇게 긍정적으로 살 수 있나요?"

그리자 나나 씨는 진지한 얼굴로 나를 쳐다보았다,

"… 왜 항상 밝고 긍정적이지 않으면 안 되는 거야?"

그렇게 되물었다.

나는 틀림없이 "고마워! 긍정적으로 사는 비결은 말이야…." 하고 나나 씨의 생활방식과 사고방식을 가르쳐 줄로만 알아서 깜짝 놀랐다. 말문이 막혀 아무런 대답도 못 하는 나에게 나나 씨가 이런 말을 해 주었다.

"그건 '항상 밝고 긍정적이지 않으면 안 된다, 그렇게 되어야 한다.'라고 생각한다는 뜻이지. 그러면 괴로울 텐데."

나는 왠지 부끄러운 마음이 들어 시선을 떨구었다.

그러자 눈물이 뚝 떨어졌다.

'항상 밝고 긍정적으로 살고 싶어. 그래서늘 미소를 잃지 않으려고 조심해야해.'라는 생각이 어느새 '언제나 웃는 얼굴이어야 한다.'라는 가치관으로 고정되어 있음을 깨닫게 되었다.

이는 언뜻 긍정적으로 들려도 '웃는 얼굴이어야 한다'라며 자신을 얽매어 웃는 얼굴이 아닐 때의 자신을 받아들일 수 없게 되어 버렸다.

슬픈 일이 있으면 울어도 되고, 불쾌한 일이 있으면 화를 내도 된다. 자신의 진심을 무시하면, 자신도 모르는 사이에 마음이 소모된다는 사실을 몸소 체험했다. 이 '해야만 해/해서는 안 돼'라는 사고는 자란 '환경'과 일상의 '반복'에 의해서 만들어진 '생각'이다. 이 생각을 조금만 바꾸면 사물에 대한 견해가 크게 달라지며 부정적인 사고에서 긍정적인 사고로 바꿀 수 있다.

✦ '해야만 해/해서는 안 돼'라는 사고에서 벗어나는 방법

일상의 아주 사소한 일에도 만연한 '해야만 해/해서는 안 돼'라는 사고에서 벗어나는 방법은 아주 간단하다.

'하지 않으면 안 된다', '해야 한다'를 '해도 되지만, 하지 않아도 된다'로 바꿀 뿐이다.

- 친구와 사이좋게 지내야 한다.
    - → 친구와 사이좋게 지내는 편이 좋지만, 사이좋게 지내지 않아도 된다.
- 나보다 나이 많은 사람을 공경해야 한다.
    - → 나보다 나이 많은 사람을 공경하는 편이 좋지만, 공경하지 않아도 된다.
- 다른 사람에게 상냥하게 대해야 한다.
    - → 다른 사람에게 상냥하게 대하는 편이 좋지만, 상냥하게 대하지 않아도 된다.
- 학교에 가야 한다.
    - → 학교에 가는 편이 좋지만, 가지 않아도 된다.
- 부모의 말을 들어야 한다.
    - → 부모의 말을 듣는 편이 좋지만, 듣지 않아도 된다.
- 곤경에 처한 사람을 보면 도와야 한다.

→ 곤경에 처한 사람을 보면 돕는 편이 좋지만, 도와주지 않아도 된다.

• 기대에 부응해야 한다.

→ 기대에 부응해도 되고, 부응하지 않아도 된다.

• 완벽해야 한다.

→ 완벽해도 되고, 완벽하지 않아도 된다.

어떠한가, 속이 시원하지 않은가?

우리가 '하지 않으면 안 된다'라고 생각하는 것은 사실 '하는 편이 좋지만, 하지 않아도 되는', 해도 안 해도 괜찮은 일이다. 우리의 '해야만 해/해서는 안 돼'는 보통 그때의 상황에 따라 크게 달라진다. 그렇다고는 하지만 역시 "그게 가능하면 이렇게 고생하지도 않지!"라고 하는 목소리가 들려올 것만 같다. 그래서 '해야만 해/해서는 안 돼'라는 사고에서 벗어나는 구체적인 방법을 소개하겠다.

✦ **고집을 버린다**

누구나 사소한 고집 하나쯤은 있을 것이다.

예를 들면 이러한 것들이다.

'아침마다 특정 카페에서 커피를 마신다.'

'마음에 든 샴푸 말고는 사용하고 싶지 않다.'

'자기 전에 요가를 하지 않으면 개운하게 잘 수 없다.'

이처럼 일상에서 주의 깊게 자신을 관찰하다 보면 이러한 작은 고집을 제법 찾을 수 있을 것이다.

그 고집을 '그렇게 하는 편이 좋지만, 딱히 그렇게 하지 않아도 괜찮겠지.'라고 바꾼다.

'아침마다 특정 카페에서 커피를 마시기를 고집하고 있어. 하지만 편의점 커피를 마셔도 괜찮겠지.'

'좋아하는 샴푸를 쓰고 싶지만, 없으면 다른 거 쓰지 뭐.'

'자기 전에 요가를 하면 숙면할 수 있지만, 못할 때도 있는 거지.'

반드시 특정 카페에서 커피를 마시기를 고집하면, 그 카페가 임시 휴업했을 때 낙담할 수 있다. 좋아하는 샴푸만 사용하고 싶다고 생각하면, 그것이 떨어졌을 때 기분이 처지게 된다. 자기 전에 요가를 하지 않으면, 잠이 잘 오지 않아서 밤중에 깬다.

고집이란 '타협하지 않고 어떤 것을 끝까지 추구한다'라는 의미도 있어서 굉장히 멋있게 들린다. '좋은 소재를 고집한 명품'이라는 캐치프레이즈를 내걸면, 그 제품의 격이 한층 더 높아 보인다.

하지만 그 한편으로 자신을 얽매는 원인이 되기도 한다.

사람마다 크고 작은 고집이 있으니 갑자기 큰 고집부터 '그렇지 않아도 된다'로 바꾸기는 어렵다. 따라서 우선은 아주 작은 일, 고집이라고 부르기에는 너무 작은 듯한 것부터 시작해 보자.

전철에서 항상 앉는 자리가 정해져 있는 사람은 그곳에 앉을 수 있으면 행운이다. 아니면 다른 자리도 괜찮다. 항상 사용하는 컵이 정해져 있는 사람은 다른 컵이라도 괜찮다. 그렇게 조금씩 작은 것부터 괜찮은 범위를 넓혀간다. 그러면 지금까지 도저히 바꿀 수 없다고 생각했던 고집에도 변화가 생긴다.

'이건 딱히 다른 것도 괜찮아.'

이처럼 유연한 마음을 가질 수 있게 된다.

DON'T MIND! 06

자기 인생은 전부
자기가 정한 결과로 이루어졌다

    자책 사고와 타책 사고, 당신은 어느 쪽을 선택하겠는가?

    '<u>자신의 인생은 유소년기를 제외하고 모두 자기 자신이 정해온 일의 결과로 이루어져 있다.</u>'

    이 사고방식을 배웠을 때 나는 크나큰 충격을 받았다.

    '그럴 리가 없어! 그렇게밖에 할 수 없었던 일도 많았다고!'

    그렇게 반발하는 마음이 들었다.

    자, 이 말을 들은 여러분은 어떠한가?

    '사실은 혼자 살고 싶었는데 부모님이 반대하셔서 본가에서 지냈다.'

일찍이 내가 생각하던 것이다.

대학에 진학할 때 부모님은 내게 "대학은 집에서 다닐 수 있는 범위 내에서 정하도록 해."라고 말했다. 나는 '부모님이 혼자 사는 것을 허락하지 않아서' 두 시간 반이 걸리는 거리의 대학을 집에서 통학했다. 매일 왕복 다섯 시간이 걸리니 상당히 고단했다. 친구들과 놀다가도 "집이 멀어서."라며 혼자 일찍 돌아가야 했다. 아르바이트를 고를 때도 '집이 멀어서' 제한됐다. 몸이 피곤하다 보니 매일 "부모님이 안 된다고 한 탓이야."라고 불평불만만 입에 달고 지냈는데, 이 또한 내가 '부모님을 따르기로 정한' 결과였다. 혼자 산다고 죽는 것도 아니고, 세상이 멸망하지도 않는다. 부모님의 반대를 무릅쓰고 혼자 살 수도 있었지 않았겠는가. 내가 스스로 정했을 뿐이면서 부모님 탓을 했다.

'자신은 나쁘지 않다. 상대의 탓이다.' 이와 같은 사고방식을 '타책 사고'라고 한다.

'경기에 진 것은 심판이 오판한 탓이다.'
'영어가 서툰 것은 잘 가르치지 못하는 선생님 때문이다.'
'이 컴플레인은 고객이 이해를 제대로 못 한 탓이다.'
'비참한 일을 겪는 것은 부유한 가정에서 태어나지 못한 탓이다.'
'내가 불행한 것은 나라의 제도가 나쁘기 때문이다.'

이러한 타책 사고는 '자신은 전혀 나쁘지 않다'고 생각할 여지가 있어서 멘털을 지키는 데는 최적인 사고방식이다. 남의 탓을 하면 편안하고 기분이 좋다.

하지만 주변 사람과 환경에 의해 결과가 좌우되므로 스스로 노력하고자 하는 마음이 들지 않는다. 즉, 성장할 수 없다.

가바사와 시온 선생님도 저서 『마음을 치유하는 7가지 비결』에서 이러한 타책 사고는 마음의 병의 원인이 되기도 한다고 설명한다.

그런 타책 사고와 반대되는 사고방식이 '자책 사고'다.

'경기에 진 것은 자신의 노력이 부족했던 탓이다.'
'컴플레인이 들어온 것은 자신의 설명이 부족했던 탓이다.'

이처럼 사물의 원인과 책임은 모두 자신에게 있다고 여기는 사고방식을 말한다. 자책 사고를 하면 '그럼 어떻게 하면 이길 수 있을지 연구해 보자.'라든가, '다음에는 컴플레인을 받지 않도록 제대로 설명하자.' 등 해결책을 찾을 수 있다. 노력과 경험이 쌓여 성장으로 이어진다.

타책 사고에서 자책 사고로 전환하는 방법은 매우 간단하다.

그저 스스로 의식할 뿐이다.

타책 사고가 버릇이 된 사람은 우선 '남 탓을 하고 있다'는 사실을 깨닫는 것조차 어려울 수 있다. 깨닫더라도 받아들이지 못할지도 모른다.

사실은 '타책 사고를 하는 자신을 인정하는 것'이 가장 큰 난관이다. 이를 받아들이고 인정했다면, 이제는 항상 '아, 타책 사고를 하고 있었네.'라고 의식하면서 '이것도 자신이 정한 일이다.', '자신에게 원인이 있다면 도대체 그게 뭘까.' 하고 다시 한번 생각해 보기만 하면 된다.

'방법을 터득하는 것'이 첫걸음

욕먹고 불쾌한 기분이 들면, 아무래도 그 뒤에 즐겁거나 긍정적인 일을 생각할 수 없게 된다.

이는 인간의 감정에 일어나는 당연한 현상으로 '기분 일치 효과'라고 한다. 기분이 좋을 때는 자신의 주변에서 일어나는 현상의 좋은 부분이 더 잘 보이고, 기분이 나쁠 때는 나쁜 부분이 더 잘 보인다. 장마철에 비가 계속 내려 습하고 어둑어둑한 날씨가 이어지면 기분이 우울해지기도 하는데, 이것도 '기분 일치 효과'와 관련이 있다. 이러한 '기분 일치 효과' 때문에 욕먹고 우울해지면 이런 일도 일어난다.

'비가 많이 쏟아지네. 날씨조차 나한테 차갑게 구는구나.'

'아끼던 컵이 깨져 버렸어. 나에게 넌 가치 없는 인간이라고 말하는 것 같아.'

'지나가던 사람과 부딪쳤어. 나는 다른 사람의 악의를 빨아들이는구나.'

이처럼 전혀 관련되지 않는 사건까지 자신의 감정에 가져다 대어 제멋대로 스토리를 만들어 낸다.

하지만 우리는 지성과 지능을 가진 인간이므로 누구나 자신의 기분을 스스로 바꾸는 능력을 갖추고 있다. 불쾌한 일이 일어났을 때 '우울해할지', 아니면 '이를 계기로 삼아 노력할지', '전혀 신경 쓰지 않기로 할지' 스스로 선택할 수 있다. 이렇게 말하면, '그런 게 가능할 리가 없잖아.', '그게 가능하면 이 고생도 안 하지.' 이와 같은 대답이 반드시 돌아오는데, 그렇게 생각하는 사람들은 그저 하는 방법을 모를 뿐이다.

어렸을 때 자동차를 운전하는 사람을 보고 자신은 도저히 운전을 못 할 것 같다고 생각한 적 없는가? 운전할 수 있게 된 것은 운전하는 방법을 배웠기 때문이다. 욕먹어도 신경 쓰지 않는 사람은 원래 '신경 쓰지 않는' 기술을 알고 있었을 뿐이다. 자신을 바꾸는 첫걸음은 먼저 하는 방법을 배우는 데서 시작된다.

말의 종류를 이해한다

말에는 주변 사람들에 의해 움직이게 되는 말과 주변 사람들을 움직이는 말이 있다.

주변 사람들에 의해 움직이게 되는 말.
"어쩔 수 없어."
"그건 내 역할이 아니니까…."
"나는 그런 건 못해…."
"뭘 해도 소용없어."
"○○이었으면 좋았을 텐데."

주변 사람들을 움직이는 말
"할 방법을 생각해 보자."
"해결책을 찾아보자."
"저는 ○○할게요."
"쓸데없다고 알게 된 시점에서 쓸데없는 일이 아니었던 거야."

우리의 뇌는 자신이 한 말이 옳다고 증명하려 든다.
"뭘 해도 소용없어."

그렇게 말하면 그 말이 옳다고 증명하려 들기 때문에 소용없을 것 같은 일만 일어난다.

반대로 말하면 어떨까.

"뭘 해도 잘 될 거야."

그러면 그 말이 옳다고 증명하려 들기 때문에 잘 되는 일만 일어난다.

처음에 이 개념을 접했을 때 나는 '그건 거짓말이야.', '수상쩍은 미신의 일종이야.' 하고 부정적으로 받아들였다. 하지만 온갖 책에 쓰여 있으니 속은 셈 치고 시도해 보자 정말 말한 대로 일이 진행되어 놀랐다. 말에 깃든다는 영적인 힘, 언령言靈이라는 말도 있듯이 **말에는 힘이 있다.**

말을 바꾼다

무언가 불편한 일이 생겼을 때 이를 납득시키기 위한 말을 사용하지는 않는가?

"그렇다면 어쩔 수 없지."

"그랬으면 좋으련만."

이런 말이 입버릇인 사람은 '수동적인' 경우가 많다.

항상 '기다리는' 자세가 아닌 자신이 제안하는 말로 바꾸어 보자.

예를 들어, 친구와 9시에 만나기로 했다고 하자. 공교롭게도 집에서 약속 장소까지 이동하는 교통편이 불편해서 시간이 꽤 걸린다. 당신은 10시에 보자고 제안했지만, 친구가 9시로 밀어붙였다. 아니나 다를까, 당신은 지각하게 되었다. 기다리던 친구가 "늦었어!" 하고 화가 났다면, 도대체 어떻게 해야 할까?

'그렇게 말해도 어쩔 수 없잖아.'

'비위 맞추기 귀찮은데….'

이와 같은 부정적인 감정이 앞서지 않는가?

이러한 부정적인 감정을 그대로 입에 담으면 타책 사고에서 벗어나지 못한 것이다. 그러지 말고 일단 자신이 느낀 감정을 인정한 다음 이렇게 한다.

'진정해. 감정적으로 되지 마.'

그렇게 마음속으로 중얼거리자.

"그래서 10시에 보자고 했는데…."

그렇게 말하고 싶을지도 모르지만,

"다음에는 집을 좀 더 일찍 나설게."

그렇게 말을 바꾸어 보자.

"당신도 늦는 일이 있잖아. 그렇게까지 화낼 거 없지 않나."

그렇게 말하고 싶다면,

'나는 상대방을 기다리게 되어도 화를 내지 않겠어.'

그렇게 마음속으로 말한다.

이처럼 말만 바꾸면 신기하게도 기분이 달라진다.

스스로 할 수 있는 일과 할 수 없는 일을 파악한다

그렇지만 말만 한다고 모든 일이 이루어지지는 않는다.

'우리 집이 두 배로 넓어지기를.'

'소비세가 없어지기를.'

그런 말을 하루에 백 번씩 외친다고 해도 이루어지지 않는다.

우리에게는 '스스로 할 수 있는 일', '스스로는 할 수 없지만, 누군가가 할 수 있는 일', '스스로는 통제할 수 없는 일'의 세 가지 일이 있다.

첫 번째 '스스로 할 수 있는 일'이란 자신이 행동함으로써 누군가에게 영향을 주거나 어떤 변화가 생기는 일을 말한다. 살을 빼고 싶어! 라고 생각하면 다이어트를 한다. 누군가 다른 사람이 당신 대신 다이어트를 해도 당신의 살은 빠지지 않는다. 공부도, 스포츠도, 스스로 움직여야 비로소 제 것이 된다.

나는 될 수 있는 한 매일 20분 정도 '새벽 걷기 운동'을 하고 있는

데, 걷기 운동 경로에 쓰레기가 잔뜩 떨어져 있었다. 매일 지나는 길이라 신경 쓰인다. 현지인이 자주 다니는 길이었는데도 쓰레기가 치워질 기색이 없었다.

나는 용기를 내서 걷기 운동을 하는 김에 쓰레기 줍기를 하는 플로킹flocking도 해 봤다.

'스스로 할 수 있는 일'을 실행해 본 것이다.

쓰레기가 많다, 아무도 줍지 않는다, 쓰레기를 버리는 놈이 나쁘다, 그렇게 불평하기보다 스스로 움직이는 편이 빨랐다.

그 이후로 문제가 생기면 '이 문제에 대해 내가 무슨 일을 할 수 있을까.'라고 생각하는 버릇이 생겼다.

두 번째 '스스로는 할 수 없지만, 누군가가 할 수 있는 일'이란 다른 사람에게 영향을 줌으로써 간접적으로 통제할 수 있는 일을 말한다.

쓰레기 문제로 말하자면, 내가 쓰레기를 버리는 사람의 의식을 바꿀 수는 없다. 그 사람을 붙잡고 한참 설교한들 그 사람은 아마 쓰레기를 버리는 곳을 바꾸기만 하지 않을까. 그래도 내가 쓰레기를 줍는 모습을 보면 어쩌면 '쓰레기 줍기 힘들겠다, 길에 버리지 말자.'라고 생각할지도 모른다. 그리고 내가 쓰레기를 줍는 모습을 본 다른 사람이 '혼자서 하면 불쌍하니까 나도 쓰레기를 줍자.' 하고 도와줄지도 모른다. 자신이 누군가에게 행동을 지시할 수는 없지만 이처럼 영향을 줄 수는 있다. 그리고 마지막 '스스로는 통제할 수 없는 일'이란 날씨나 외교 문제 등을 말한다. 기대하던 여행에서 태풍이 직격해도 염력으로 태풍을 날려 버릴 수도, 누군가에게 태풍을 사라지게 해달라고 할 수도 없다. 외교 문제나 정치처럼 자신의 영향이 전혀 미치지 않는 범주도 당연히 존재한다. 우리가 관여할 수 있는 것은 기껏해야 투표 정도이기 때문이다.

이는 사람에 따라서 할 수 있는 범위가 달라진다. 정치가라면 '스스로 할 수 있는 일'이 많아질 테고, 서명 활동은 '스스로는 바꿀 수 없지만, 영향을 줄 수 있는 일'에 해당한다.

<u>스스로 통제할 수 없는 문제는 '생각해 봤자 자신은 어떻게 할 수 없는 일이다.' 하고 단념하라.</u>

단념하면 감정에 휘둘려 지치는 일도 없어진다.

기분이 안정적일 때는 긍정적인 일에 눈길이 가기 쉬워지므로 일상생활에서도 훨씬 지내기 편해진다.

Column 4

모두에게 사랑받을 수는 없다

열 번에 한 번은 반드시 나타나는 슬라임과 같다.
싸워봤자 경험치도 조금밖에 올라가지 않는다.

_가바사와 시온

이는 유튜브 '정신과 의사 가바사와 시온의 가바 채널'에서 나온 말이다.

정신과 의사이자 베스트셀러 작가인 가바사와 시온 선생님은 유튜브에서도 멘털에 관한 다양한 정보를 전달하고 있으며, 현재 62만 명이 넘는 구독자 수를 자랑한다.

가바사와 선생님에게 매일 많은 질문이 쏟아지는데, 역시 인간관계에 관한 상담이 많다. 특히 자신에 대해 험담을 하는 등 악의를 품은 사람에게 어떻게 대처하면 좋을지 고민하는 시청자가 많다.

이때 가바사와 선생님은 악의를 품은 사람을 '슬라임과 같다.'라고 표현했다. 슬라임은 본래 끈적끈적한 물질을 말하는데, 인기 RPG 게임 '드래곤 퀘스트'에서 몬스터로 등장하면서 지금은 유명한 캐릭터로 자리 잡았다. '드퀘'를 플레이할 때 가장 먼저 나오는 몬스터가 슬라임이다. 게임을 플레이해 본 적이 없는 사람도 알 정도로 지명도가 높지만, 가장 약한 몬스터이기도 하다. 가장 약한 몬스터여서 게임 초보자도 슬라임을 쓰러뜨리기는 어렵지 않다. 그래서 몬스터를 쓰러뜨리면 받을 수 있는 경험치가 아주 적다. 자주 마주치는 것 치고는 그다지 이득도 없는 존재이다 보니 약한 주제에 귀찮다는 의미에서 '잡캐'로 분류된다. 게임을 플레이해 본 사람이라면 잘 알 것이다. 레벨이 올라가면서 마주치면 '아, 슬라임이네….'라는 생각과 함께 찾아오는 그 귀찮은 기분을 말이다.

당신 험담을 하는 사람은 이러한 '잡캐 슬라임'과 같다. 어디에나 있고, 싸워서 큰 보상을 받는 일도 없고, 상대해 봤자 시간 낭비다.

1:7:2의 법칙이란 것이 있다.

이에 따르면 열 명 중 한 명은 당신을 싫어하는 사람이고, 일곱 명은 딱히 아무런 감정도 없는 사람이다. 그리고 나머지 두 명은 당신의 편이 되어 줄 사람이라고 한다. 어느 직장을 가든, 어느 커뮤니티에 소속되든, 반드시 이 법칙에 따라 당신을 험담하거나 악의를 품고 대하는, 이른바 '당신을 싫어하는 사람'이 일정 수 나타난다. 모두에게 사랑받는 일은 거의 없다.

'인간관계에서 불쾌한 일이 있었다.'

그러면서 직장이나 커뮤니티를 바꾸는 사람이 있는데, 이 법칙에 따라 다음 장소에서도 반드시 당신을 공격하는 사람이 나타난다. 당신을 싫어하는 사람과 일일이 싸워봤자 상대는 잡캐 슬라임이기 때문에 자신이 성장할 만한 경험치는 기대할 수 없다. 아주 가끔이지만, 요행으로 '슬라임 최후의 일격'으로 데미지를 입기도 한다. 잡캐 슬라임에게 당하다니 분하지 않은가.

당신을 공격해 오는 사람과는 얽히지 않는 것이 최선이다.

'아우, 잡캐 슬라임이다. 상대하기 귀찮은데. 시간 낭비니까 무시하자.'

이렇게 하면 된다. 싸우지 말고 무시하자.

무시는 도망치는 것과 다르다. 설령 "그 녀석이 도망쳤어."라고 또 욕먹더라도 상대는 슬라임이다. '슬라임이 욕하는' 일쯤은 전혀 신경 쓸 것 없다.

    그래도 설령 열 명 중 한 명뿐일지라도 자신을 싫어하는 사람이 있다는 사실에 괴로운 사람도 있을 수 있다. 그런 사람은 1:7:2 법칙의 1이 아닌 2로 눈길을 돌렸으면 한다.

    당신을 싫어하는 사람의 두 배나 되는 사람들이 당신 편이 되어 준다는 사실을 잊지 말도록 하자.

Column 5

험담은 사실 유대감이
목적일 수 있다

학생들은 선생님 험담을 하면서 분위기를 띄우며

서서히 '무리'를 만든다.

손쉽게 친해지기 위한 도구라서

결과적으로 대다수 사람이 험담하는 데 참여한다.

_오카다 도시오

'아사히신문'에서 큰 인기를 누리며 연재 중인 인생 상담 코너 '고민의 도가니'에서 중학교 3학년 여학생이 '다른 사람에게 뒷말을 듣지 않으려면 어떻게 해야 하나요?'라고 질문했다. 이에 대해 평론가 오카다 도시오 씨는 '험담은 친해지기 위한 도구'라고 대답했다. 예를 들어, 새 학기가 시작되면 새로운 반에서 새로운 담임 선생님을 만난다. 이때 많은 학생이 자신의 주변 환경 변화에 불안을 느낀다.

'사이좋게 지낼 수 있을까?'
'괴롭힘을 당하지는 않을까?'
이런 심정으로 친구나 무리를 만드는 데는 다음 두 가지가 필요하다.

① 공통의 목표를 만든다.
② 공통의 적을 만든다.

즉, 사람이 누군가를 험담하는 이유는 상대방에 대한 악의가 있어서라기보다는 친구나 무리를 만들기 위해서라는 것이다.

학생이라면 문화제나 체육대회. 사회인이라면 팀 목표나 회사 방침 등 주변 환경에 어느 정도 익숙해지고 난 뒤에 발생하는 이벤트에서 '공통의 목표'가 만들어진다. 다 함께 '공통의 목표'를 만들면서 자신이 여기에 소속되어 있다는 감각을 키우게 된다.

하지만 새 학기 아직 새로운 환경이 시작된 지 얼마 되지 않은 단계이므로 이때는 '공통의 적'을 만드는 편이 손쉽게 친해질 수 있다.

오카다 씨의 생각에 따르면, 험담이란 단순하게 생각하면 학생이 담임 선생님 험담을 하면서 분위기를 띄우며 동료 의식을 키우는 것이다.

작은 학급 단위에서 괴롭힘이 발생하기 쉬운 것은 이처럼 '공통의 적'을 만들어 '동료 의식'을 키우기 위함이라고도 할 수 있다.

많은 채팅 그룹에서 혼자만 조금 겉도는 사람이 존재하면, 그 사람은 금세 '비밀 채팅 그룹'에서 험담의 표적이 된다.

이것도 '공통의 적'을 만들어 '동료 의식'을 키우기 위함이다.

그렇게 생각하면 욕먹는 것도 그리 우울해할 일만은 아니라는 생각이 들지 않는가?

다들 누군가와의 유대를 원해서 주변 사람과 관계를 맺으려고 필사적이구나, 그렇게 생각하면 조금 우습게 느껴진다.

'좀 더 다른 방법으로 동료 의식을 키우면 좋을 텐데.'

그런 생각도 들지만, 누구나 다른 사람에 대한 험담을 하며 묘한 일체감이라고 할까, 유대감이 생기는 것을 느낀 적이 있지 않을까.

그러니 다른 사람에게 비난받아도 '나 같은 건….' 하고 우울해하지 말고, 오히려 자신이 주변 사람들을 이어 주고 있구나! 동료 의식을 키우는 데 한몫하고 있어! 그렇게 긍정적인 면을 생각하도록 하자.

**욕을 먹어도
신경 쓰지 않는
사고방식**

펴낸날 2025년 7월 15일 1판 1쇄

지은이 호리 모토코
옮긴이 박수현
펴낸이 金永先
편집 김샛별
디자인 검정글씨 민희라

펴낸곳 파인북
주소 경기도 고양시 덕양구 청초로 10 GL 메트로시티한강 A1-2002호
전화 (02) 323-7234
팩스 (02) 323-0253
출판등록번호 제 2-2767호

ISBN 979-11-986325-4-8 (03190)

| 파인북과 함께 새로운 문화를 선도할 참신한 원고를 기다립니다.
이메일 dhhard@naver.com (원고 투고) |
|---|

- 이 책은 저작권자와의 계약에 따라 발행한 것이므로 본사의 허락 없이는 어떠한 형태나 수단으로도 이 책의 내용을 사용하지 못합니다.
- 파본은 구입하신 서점에서 교환해 드립니다.